Social media marketing

Contexto, estrategia, gestión y futuro

Madrid, 2025

María Luisa Solé Moro
Jordi Campo Fernández

Social media marketing

Contexto, estrategia, gestión y futuro

Junio, 2025

Social media marketing: Contexto, estrategia, gestión y futuro
María Luisa Solé Moro y Jordi Campo Fernández

© 2025, ESIC EDITORIAL
Avda. de Valdenigriales, s/n
28223 Pozuelo de Alarcón (Madrid)
Tel.: 91 452 41 00
www.esic.edu/editorial
@EsicEditorial

ISBN: 978-84-1192-179-4
Depósito Legal: M-14157-2025

Nota: los cargos de los entrevistados corresponden a la fecha en la que fueron
entrevistados y pueden variar en un futuro.

Diseño de cubierta: Zita Moreno Puig
Maquetación: Santiago Díez Escribano
Lectura: Myriam Mieres
Impresión: Gráficas Dehon

Una publicación de

Impreso en España – *Printed in Spain*

Este libro ha sido impreso con tinta ecológica y papel sostenible.

Índice

Introducción

El *social media* ha transformado radicalmente la forma en que las marcas interactúan con sus audiencias, creando un espacio donde la comunicación es bidireccional, inmediata y dinámica. Este libro es una guía para entender el impacto del *social media* en el marketing y la comunicación, y para proporcionar a los profesionales una base sólida para construir estrategias efectivas en redes sociales.

Desde la evolución del marketing digital hasta el uso estratégico de *influencers*, el contenido en *social media* ha dejado de ser solo un complemento de la comunicación de marketing para convertirse en un pilar fundamental de este. Con el avance de nuevas tecnologías como la realidad aumentada, la inteligencia artificial y el metaverso, el futuro del *social media* está lleno de oportunidades para quienes estén dispuestos a innovar y adaptarse rápidamente.

Este libro aborda todos los aspectos necesarios para que las marcas construyan una presencia sólida en *social media*, desde la planificación estratégica hasta la medición de resultados. Está diseñado para ser una herramienta práctica y educativa, ya que proporciona casos de estudio, mejores prácticas, herramientas y técnicas que se pueden aplicar en el día a día de cualquier equipo de marketing digital.

Capítulo 1

El contexto del *social media* I

1.1. Introducción

Este primer capítulo trata sobre cómo las redes sociales han cambiado las reglas del juego en el mundo del marketing y la comunicación. Antes, las marcas solo podían hablarle a su público de una manera, pero ahora las redes sociales permiten una conversación más cercana y directa con los consumidores. Aquí veremos cómo comenzó todo, qué es exactamente el *social media* y por qué es tan importante para las marcas hoy en día. Además, exploraremos ejemplos de cómo distintos sectores han usado las redes para mejorar su relación con el público.

1.2. Evolución del marketing y la comunicación

En la era previa a las redes sociales, el marketing y la comunicación de las marcas se basaban principalmente en mensajes unidireccionales a audiencias masivas, utilizando medios como la televisión, la radio y la prensa escrita. Las empresas dependían de estudios demográficos, encuestas y seguimientos de marca con muestras limitadas para decidir lo que creían que los consumidores querían, cuándo lo querían y cómo lo querían. Sin embargo, con la aparición del *social media*, esta dinámica ha cambiado drásticamente.

Hoy en día, el diálogo con las marcas se ha vuelto público, y cada usuario de redes sociales se ha convertido en un potencial líder de opinión en sus círculos sociales. Las opiniones de los consumidores, expresadas en las redes sociales, pueden volverse virales y tener un impacto masivo, cambiando el poder desde las marcas hacia los consumidores. Este nuevo entorno ha obligado a las empresas a adaptarse, ser más transparentes y a participar activamente en conversaciones con sus audiencias.

1.3. Definición de *social media*

Una red social, o *social media*, es un entorno digital que facilita la creación, el intercambio y la interacción de contenido entre los usuarios. Para que un entorno sea considerado una red social auténtica, debe cumplir con los siguientes criterios:

- *Emisor o emisores.* Incluyen usuarios individuales, empresas, audiencias, y comunidades que generan y consumen contenido.

- *Contenido generado.* Este puede ser en forma de texto, imágenes, vídeos, enlaces o cualquier combinación de estos formatos.

- *Intercambio de información e interacción.* Una red social requiere la interacción constante entre los emisores y los receptores del contenido. Sin esta interacción, no puede considerarse una red social.

Todo esto se enmarca en un contexto tecnológico que permite que estos intercambios ocurran en tiempo real, de manera abierta y organizada.

1.4. El uso de las redes sociales

El uso de las redes sociales puede tener tanto aspectos positivos como negativos para las marcas. Estas plataformas brindan la oportunidad de conectar directamente con el consumidor, crear comunidades alrededor de la marca y mejorar el *engagement*. Sin embargo, también presentan desafíos, como el manejo de la reputación y la gestión de crisis.

Caso de uso: Taxi Oviedo

- Contexto: Taxi Oviedo fue una de las primeras empresas de taxis en España en utilizar plataformas digitales para atraer y gestionar clientes.

- Estrategia: En 2003, Taxi Oviedo lanzó su página web para facilitar la reserva de taxis. Luego, en 2009, adoptaron Twitter (actual X) para interactuar directamente con los clientes y confirmar reservas.

- Innovación: Fueron los primeros en desarrollar una aplicación de taxis en España, lo que les permitió digitalizar el servicio y mejorar la experiencia del cliente.

- Resultados: Gracias a esta estrategia digital, Taxi Oviedo logró atraer una nueva base de clientes y fortalecer la lealtad de los clientes existentes.

- Lecciones aprendidas: Adaptarse a las nuevas tecnologías puede transformar incluso los oficios tradicionales y ayudar a las empresas a mantenerse competitivas.

Figura 1.1. Perfil en X de @taxioviedo

TaxiOviedo ✓
116.2K Tweets

mail@taxioviedo.com
twitter
web
mail
🟢 615 980 000 ✈

··· ✉ Follow

TaxiOviedo ✓
@taxioviedo

📟 615 980 000 ✒ ricardo@ovie.do ⚓ "If there's no wind, row" 📧 presupuestos vía Whasapp

🏢 Travel & Transportation ⓘ ◎ Oviedo, España ⬀ taxioviedo.com
🗓 Joined June 2009

5,572 Following   **12K** Followers

Fuente: X (@taxioviedo).

1.5. La importancia de cuidar la imagen en *social media*

La gestión de la imagen en las redes sociales es clave para mantener una reputación sólida y creíble. Las marcas deben ser conscientes de lo que publican, dónde lo publican y cuándo lo hacen. Un error común es no entender las particularidades de cada plataforma social y su audiencia, lo que puede llevar a una desconexión con los seguidores y potenciales clientes.

1. *Qué publicar y dónde.* Es esencial que las marcas adapten el contenido a cada red social. No todas las plataformas son iguales; el contenido que funciona bien en Instagram puede no ser efectivo en LinkedIn.

2. *Frecuencia y horarios de publicación.* Determinar la frecuencia de las publicaciones y los mejores horarios para publicarlas es fundamental para maximizar la visibilidad (v. Figura 1.2) y el *engagement* (v. Figuras 1.3 a 1.6).

Figura 1.2. Gráfico extraído de Sproutsocial sobre el *engagement* global de Facebook (horario y día de la semana)

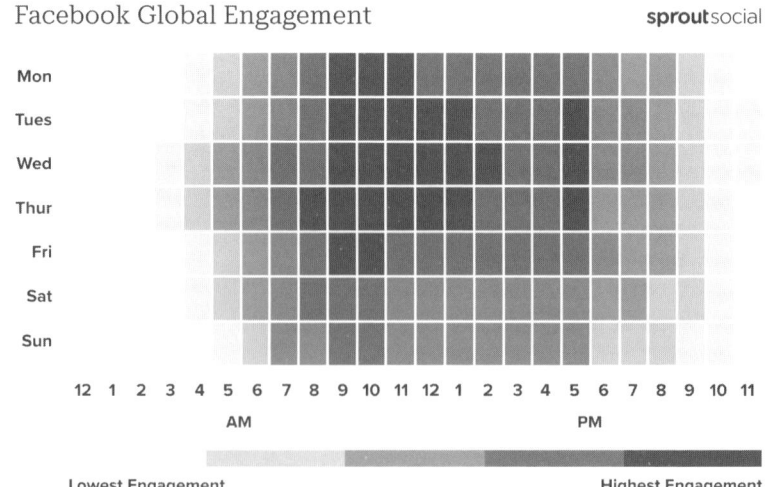

Fuente: Mary Keutelian (2024).

3. *Gestión de crisis.* Las marcas deben tener un plan de contingencia para manejar posibles crisis de reputación, como comentarios negativos o publicaciones dañinas. Una respuesta rápida y adecuada puede mitigar el impacto negativo.

Figura 1.3. Gráfico extraído de Sproutsocial sobre el *engagement* global de Instagram (horario y día de la semana)

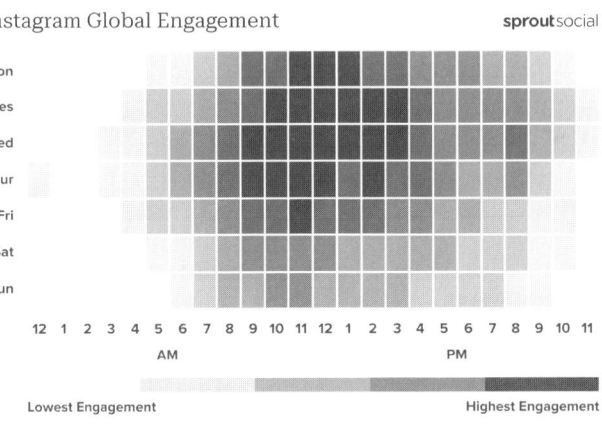

Fuente: Mary Keutelian (2024).

Figura 1.4. Gráfico extraído de Sproutsocial sobre el *engagement* global de LinkedIn (horario y día de la semana)

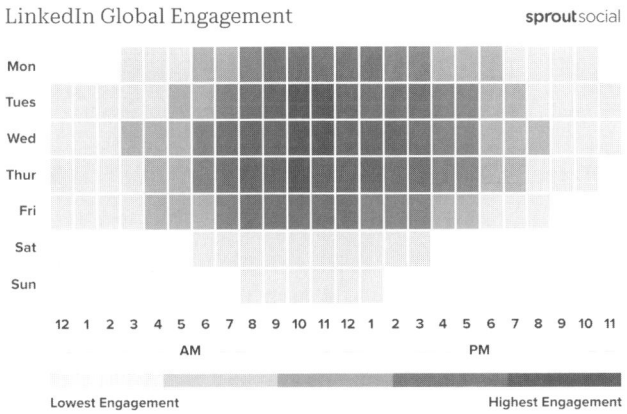

Fuente: Mary Keutelian (2024).

Figura 1.5. Gráfico extraído de Sproutsocial sobre el *engagement* global de Twitter (X)
(horario y día de la semana)

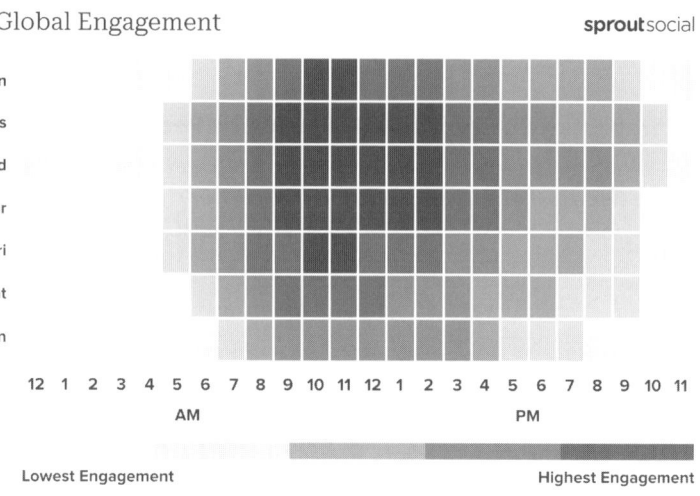

Fuente: Mary Keutelian (2024).

Figura 1.6. Gráfico extraído de Sproutsocial sobre el *engagement* global de TikTok
(horario y día de la semana)

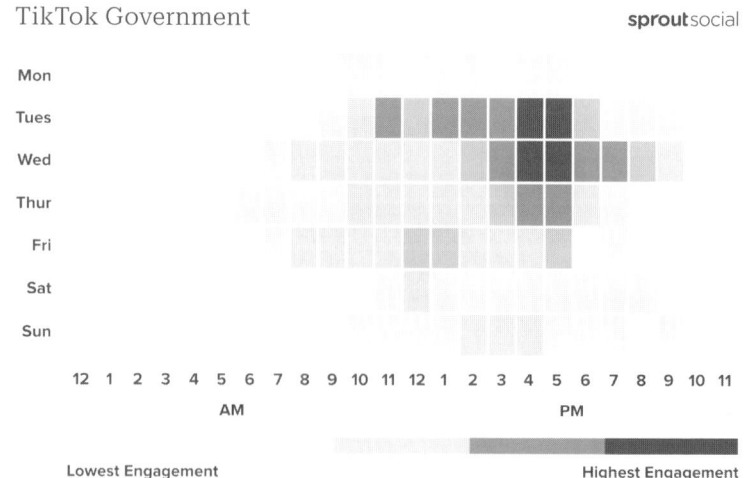

Fuente: Mary Keutelian (2024).

1.6. Casos prácticos por sector

A continuación, se presentan ejemplos detallados de cómo las diferentes industrias han utilizado el *social media* para alcanzar sus objetivos:

1.6.1. Deportes: FC Barcelona y la lesión de Pedri

- Contexto: Durante un partido contra el Manchester United, el jugador del FC Barcelona Pedri sufrió una lesión en el minuto 40.
- Estrategia de comunicación:
  - Contenido 1. La misma noche de la lesión, se publicó una actualización sobre el estado de salud del jugador.
  - Contenido 2. Al día siguiente, se proporcionó una actualización más detallada sobre el tratamiento y el tiempo estimado de recuperación.
  - Contenido 3. Una semana antes de su regreso a los entrenamientos, se lanzó una campaña motivacional que incluía entrevistas y mensajes de apoyo.
- Resultados: Este enfoque en fases ayudó a mantener informados a los fans y a controlar la narrativa, evitando la propagación de rumores y especulaciones negativas.
- Lecciones aprendidas: La planificación de la comunicación en etapas puede ser una herramienta eficaz para gestionar situaciones potencialmente críticas.

Figura 1.7. Cuenta en Instagram del FC Barcelona

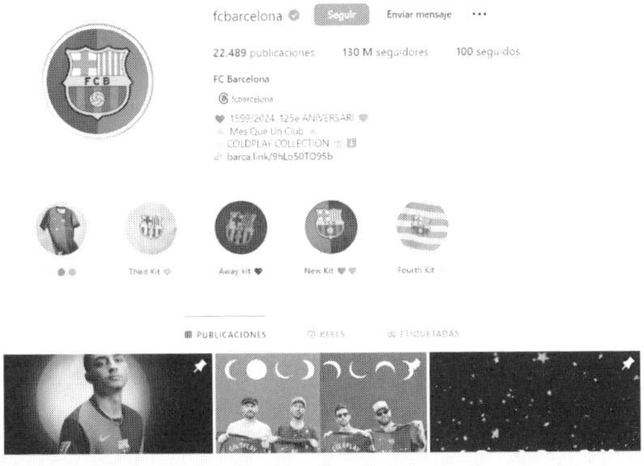

Fuente: Instagram (@fcbarcelona).

1.6.2. Moda: estrategia de lanzamiento de colecciones de Zara

- Contexto: Zara, una marca de moda de reconocimiento mundial, lanzó una nueva colección en su web.
- Estrategia de lanzamiento:
  - Contenido 1: Un *teaser* publicado a las 19:00 del día del lanzamiento creó expectativa entre los seguidores.
  - Contenido 2: A las 20:01, se lanzó una publicación promocionando la colección completa con enlaces para comprar.
  - Contenido 3: El día siguiente, se compartieron *looks* de la nueva colección y recomendaciones de estilo para mantener el interés.
- Resultados: La combinación de *teasers* y contenido constante posterior al lanzamiento llevó a un aumento significativo en las visitas al sitio web y en las ventas.
- Lecciones aprendidas: Crear anticipación a través de campañas de cuenta regresiva y mantener el impulso después del lanzamiento puede maximizar el *engagement* y las conversiones.

1.6.3. Comida: Amelicious, Master Chef 9 y la apertura de un nuevo local

- Contexto: La *influencer* Amelicious, participante de Master Chef 9, asistió a la inauguración de un nuevo restaurante de poke en el Mercat de Galvany.
- Estrategia:
  - Contenido 1. El día de la inauguración, se compartieron fotos y vídeos en tiempo real para crear un sentido de exclusividad.
  - Contenido 2. Al día siguiente, se publicaron historias y publicaciones de reseñas de clientes que asistieron a la inauguración.
  - Contenido 3. Una semana después, se compartió contenido con promociones especiales para atraer nuevos clientes.
- Resultados: La estrategia generó un alto nivel de *engagement* y un incremento en las visitas al nuevo restaurante.
- Lecciones aprendidas: La cobertura en tiempo real de eventos importantes puede generar entusiasmo y atraer clientes a nuevos establecimientos.

1.6.4. Salud: Hospital Vall d'Hebrón y el nuevo fármaco contra el cáncer de próstata

- Contexto: El Hospital Vall d'Hebrón de Barcelona desarrolló un nuevo fármaco para el tratamiento del cáncer de próstata, que reduce significativamente el riesgo de mortalidad.
- Estrategia de comunicación:
  - Contenido 1. Tres días antes de la publicación oficial, se publicaron *teasers* que insinuaban un gran avance médico.
  - Contenido 2. El día del anuncio, se lanzó un comunicado de prensa detallado con datos médicos y testimonios de expertos.
  - Contenido 3. Después de tratar al primer paciente, se compartió una historia de éxito con testimonios y actualizaciones de tratamiento.
- Resultados: La comunicación estratégica ayudó a establecer al Hospital Vall d'Hebrón como un líder en innovación médica.
- Lecciones aprendidas: Generar anticipación y respaldar los anuncios con datos y testimonios puede fortalecer la credibilidad y la reputación de la marca.

1.6.5. Música: Primavera Sound y la campaña de *ticketing*

- Contexto: El festival Primavera Sound preparaba su edición de 2023 y utilizó las redes sociales para la campaña de *ticketing*.
- Estrategia de comunicación:
  - Contenido 1. Un mes antes del anuncio del cartel, comenzaron a circular rumores y contenido de misterio.
  - Contenido 2. El día del anuncio del cartel, se lanzaron vídeos y gráficos con los artistas confirmados.
  - Contenido 3. Tres días después del festival, se compartieron vídeos y fotos de los momentos más destacados, junto con anuncios para la próxima edición.
- Resultados: Esta estrategia generó altas ventas de entradas y amplió el alcance del festival a través de la viralización del contenido.
- Lecciones aprendidas: El uso de anticipación y contenido posterior al evento puede mantener el interés del público y fomentar la lealtad a largo plazo.

Figura 1.8. Cuenta de Instagram del Primavera Sound

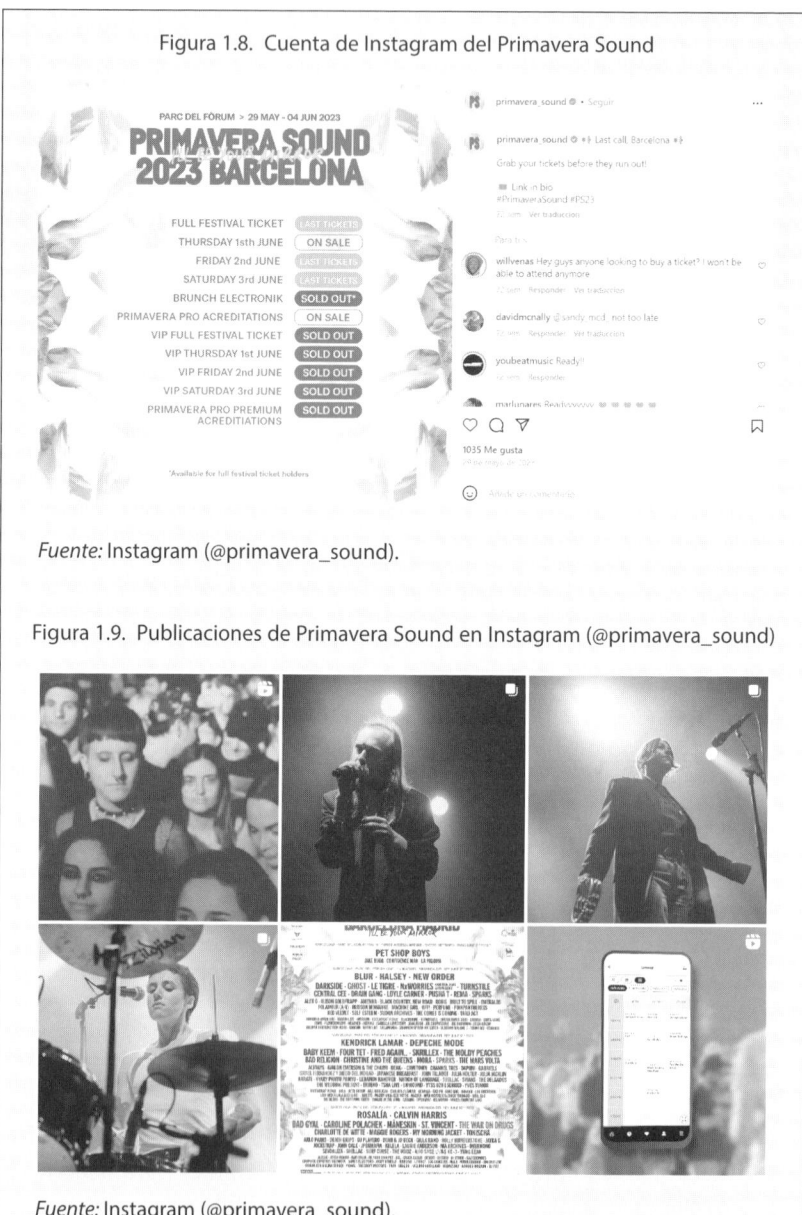

Fuente: Instagram (@primavera_sound).

Figura 1.9. Publicaciones de Primavera Sound en Instagram (@primavera_sound)

Fuente: Instagram (@primavera_sound).

1.6.6. Finanzas: Gestor de fondos Numantia y las inversiones en bolsa

- Contexto: El gestor de fondos de inversión Numantia anunció tres compañías que preveían subir en bolsa en 2023.
- Estrategia:
  - Contenido 1. El día del anuncio, se compartieron gráficos y análisis detallados de las tres compañías.
  - Contenido 2. Tres meses después, cuando las acciones cayeron un 10%, publicaron una revisión de mercado y consejos para los inversores.
  - Contenido 3. Al cierre del año, se publicaron los resultados finales, destacando las empresas que subieron un 20% y un 15%, mientras que una cayó un 8%.
- Resultados: Esta estrategia de transparencia en la comunicación ayudó a fortalecer la confianza de los inversores.
- Lecciones aprendidas: La transparencia y la comunicación continua son claves para mantener la confianza en el sector financiero.

1.7. Entrevistas

1.7.1. Entrevista a Guillem Gallego, CMO de Desigual

- ¿Qué opinas de la plataforma Instagram para establecer estrategias y acciones de marketing para conectar con tus públicos?

  En moda es la más efectiva para inspirar y mostrar innovación; es la principal para el público-moda-tendencias a día de hoy. TikTok y Gaming suben fuerte…

- ¿Cómo te sientes trabajando con la red social Instagram?

  Instagram es parte del gran grupo y casi monopolio del *social media* Facebook y eso en el ámbito de la gestión en muchas ocasiones es complicado… dependes de ellos para acceder a audiencias y si no pagas mucho no accedes… aquí las grandes marcas juegan con ventaja… por poder negociar grandes volúmenes.

- ¿Cuáles son las metas que tienes establecidas con Instagram?

  Engagement —número de *followers*— calidad de audiencias.

- ¿Cómo valoras el uso de Instagram como parte de la estrategia de marketing?

  Es una de nuestras siete claves estratégicas: es central.

- ¿Podrías proporcionarme ejemplos de estrategias y acciones que implementas en Instagram para generar *engagement* con tus públicos?

  Colaboración con artistas y con *influencers* —*partnerships* con otras marcas (*growth hacking*)— una estrategia de vídeo fuerte en la creación de contenidos vídeo para *reels* y *stories*...

- ¿Qué acciones y estrategias de marketing y *social media* marketing que utilizas te dan mejores resultados para conectar con tus públicos?

  Le llamamos *people marketing*, que se basa en la colaboración, en la creación de contenidos y el sharing de audiencias.

- ¿Qué tipos de acciones ejecutas cada día en Instagram como parte de *social media marketing*?

  El día a día de la marca y del producto y elevar a artistas con los que colaboramos...

- ¿Qué problemas te encuentras en tu día a día en la utilización de Instagram?

  El reto de llegar a audiencias nuevas... el reto de ampliar tu comunidad... el reto de seguir innovando en el canal.

- ¿Qué es lo que más valoras de la plataforma Instagram?

  Su alcance.

- Si comparas Instagram con otras redes sociales (como por ejemplo Facebook, TikTok, YouTube, X...), ¿qué valoras especialmente de Instagram?

Es una plataforma que sabe elevar la marca en cuanto a contenidos por su interfaz y que se está poniendo al día en los tipos de contenidos…

- ¿Crees que Instagram es relevante para el sector de la moda?

  Sí, pero deberá seguir innovando como plataforma para seguir siendo relevante.

- ¿Qué opinan tus otros compañeros del departamento de marketing de la red social Instagram?

  La consideran la más importante a día de hoy en moda.

- ¿Qué te gustaría cambiar de Instagram?

  Es un tema de mercado: ahora es Instagram porque ahí está la audiencia.

- ¿Cómo ves el futuro de Instagram?

  Habrá que ver… veo necesidad de innovar y de conectar con las nuevas generaciones…

- Para finalizar, ¿hay algo más que te gustaría aportar desde tu experiencia como profesional sobre el uso de la plataforma Instagram en las acciones y estrategias de marketing y *social media marketing* para generar *engagement* con los usuarios?

  Creo que se ha dicho todo… Creo que es importante que IG sea un *touchpoint* importante en la estrategia, pero no el único; hay que estar muy atento a otros canales y su desarrollo…

1.7.2. Entrevista a Inés Martín-Borregón, *founder* y directora creativa en Virago Barcelona

- ¿Qué opinas de la plataforma Instagram para establecer estrategias y acciones de marketing para conectar con tus públicos?

  Opino que está bien. Que si consigues que alguien que domine Facebook Ads te gestione la cuenta publicitaria, puede ser muy rentable. A su vez, creo que hay un monopolio que hay que romper porque llega a ser una extorsión.

- ¿Cómo te sientes trabajando con la red social Instagram?

  Cómoda. Es fácil. Pero hay mucha incertidumbre. Las normas del algoritmo cambian muy a menudo y lo que funciona hoy puede no funcionar mañana.

- ¿Cuáles son las metas que tienes establecidas con Instagram?

  Popularidad y ventas.

- ¿Cómo valoras el uso de Instagram como parte de la estrategia de marketing?

  Principal. A día de hoy imprescindible.

- ¿Podrías proporcionarme ejemplos de estrategias y acciones que implementas en Instagram para generar *engagement* con tus públicos?

  No creo que se puedan resumir así. Es una combinación de creatividades, *copies* e intereses.

- ¿Qué acciones y estrategias de marketing y *social media marketing* que utilizas te dan mejores resultados para conectar con tus públicos?

  Nunca es la misma. Dependiendo de la época del año y de cómo esté el algoritmo, nos van funcionando cosas diferentes.

- ¿Qué tipos de acciones ejecutas cada día en Instagram como parte de *social media marketing*?

  Publicaciones de *posts*, *stories* e interacciones con los usuarios.

- ¿Qué problemas te encuentras en tu día a día en la utilización de Instagram?

  La falta de control de lo que sucede en el *back-end* de la plataforma.

- ¿Qué es lo que más valoras de la plataforma Instagram?

  La cantidad de información y contenido que hay.

- Si comparas Instagram con otras redes sociales (como por ejemplo Facebook, TikTok, YouTube, X…) ¿qué valoras especialmente de Instagram?

  Lo estético y el rango de edad de sus usuarios. Es muy *user-friendly* además.

- ¿Crees que Instagram es relevante para el sector de la moda?

  Sí. Hoy en día, creo que es la red más importante.

- ¿Qué opinan tus otros compañeros del departamento de marketing de la red social Instagram?

  Les encanta y la odian a partes iguales.

- ¿Qué te gustaría cambiar de Instagram?

  Los precios de los anuncios. Los estandarizaría, en vez de ir por puja.

- ¿Cómo ves el futuro de Instagram?

  Incierto. Demasiadas empresas dependen de ella.

- Para finalizar, ¿hay algo más que te gustaría aportar desde tu experiencia como profesional sobre el uso de la plataforma Instagram en las acciones y estrategias de marketing y *social media* marketing para generar *engagement* con los usuarios?

  Hay que estar muy al día de cualquier novedad que surja y no tener miedo a probar cada novedad que la plataforma lanza.

Capítulo 2

El contexto del *social media* II

2.1. Introducción

En el Capítulo 2, vamos a profundizar en cómo las marcas pueden conocer mejor a su audiencia a través de la *buyer persona*, una herramienta que les permite crear perfiles detallados de su cliente ideal. Comprender a quién te diriges es clave para crear contenido que realmente conecte con esas personas. Veremos cómo algunas marcas han utilizado este enfoque para mejorar sus resultados en redes sociales, adaptando sus mensajes y estrategias de forma mucho más precisa.

2.2. Entendiendo al usuario: del público objetivo al *buyer persona*

La segmentación del público ha pasado de ser un enfoque demográfico amplio a una comprensión más profunda y personalizada del consumidor a través del concepto de *buyer persona*. Este concepto, proveniente del *inbound marketing*, implica una representación detallada de los clientes ideales basada en sus intereses personales, su comportamiento *online* y la relación con las marcas.

Ejemplo de *buyer persona*: Paqui y Petra.

- Paqui. Natural de la Planada, fan de Camela, tuvo su primer hijo con 26 y su segundo con 28. Ahora tiene 29. Dejó los estudios a los 16 y empezó a trabajar en Mercadona como reponedora.

- Petra. Es ingeniera y tiene 28 años. No tiene novio. Nació en Barcelona, en el Eixample. Viajó por el mundo de los 18 a los 20. Luego estudió la carrera y ahora está de becaria en una consultora.

- Análisis. Aunque ambas pueden estar en la misma categoría demográfica (mujeres, 28-29 años), sus necesidades, intereses y comportamientos de compra son completamente diferentes, lo que destaca la importancia de utilizar *buyer personas* para estrategias de marketing más efectivas.

Figura 2.1. Qué es y cómo construir una *buyer persona* para acertar con tu estrategia de marketing

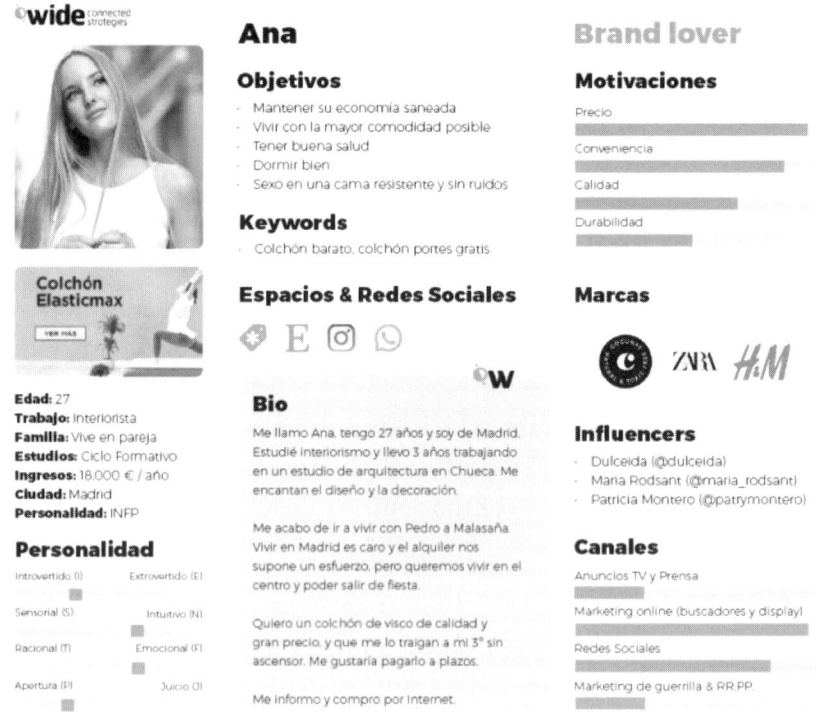

Fuente: Wide Marketing Digital (2021).

2.3. Casos de estrategias sociales notables

2.3.1. Caso de éxito: Campaña de Louis Vuitton

Louis Vuitton utilizó una combinación de exclusividad y colaboraciones de alto perfil en su campaña de *social media* y logró un alto impacto.

- Estrategia: Colaboración con *influencers* de lujo y celebridades para reforzar la imagen de exclusividad de la marca.

- Resultados: Aumento de seguidores y *engagement*, consolidando la percepción de lujo.

- Lecciones Aprendidas: Las campañas que destacan el lujo deben estar alineadas con la percepción de la marca.

Figura 2.2. Ejemplo de *influencer* marketing con Messi y Ronaldo
en la cuenta de Instagram de @louisvuitton

Fuente: Instagram (@louisvuitton).

2.3.2. Caso de éxito: Magnus Carlsen vs. Hikaru Nakamura (2017)

Figura 2.3. Detalle de la partida entre Carlsen y Nakamura que, además,
es la partida reproducida por Louis Vuitton en el anterior caso

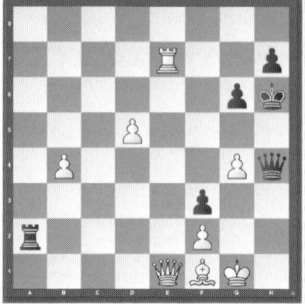

Fuente: X (@MagnusCarlsen).

El enfrentamiento entre estos dos grandes maestros de ajedrez se convirtió
en un evento viral en redes sociales.

- Estrategia. Creación de contenido atractivo alrededor del enfrentamiento
  con memes, análisis y comentarios de expertos en redes sociales.

- Resultados. Aumento masivo de seguidores para los jugadores y mayor
  interés en el ajedrez *online*.

- Lecciones aprendidas. Convertir un evento en un contenido de entretenimiento puede ayudar a viralizarlo.

2.4. Entrevistas

2.4.1. Entrevista a Arnau Sanz, *partner & new business director* de Imagina

- ¿Qué opinas de la plataforma Instagram para establecer estrategias y acciones de marketing para conectar con tus públicos?

  Buena plataforma, pero, como cualquier otra, tiene que enca-
  jar público, presupuesto y objetivo de la empresa.

- ¿Cómo te sientes trabajando con la red social Instagram?

La plataforma está muy bien desarrollada, pero, como agencia, no tienen buena atención al cliente.

- ¿Cómo valoras el uso de Instagram como parte de la estrategia de marketing?

Genial.

- ¿Podrías proporcionarme ejemplos de estrategias y acciones que implementas en Instagram para generar *engagement* con tus públicos?

Automatizar *likes*, sorteos, *influencers*.

- ¿Qué acciones y estrategias de marketing y *social media marketing* que utilizas te dan mejores resultados para conectar con tus públicos?

Cualquier cosa que tenga relación con las notificaciones y los *hashtags*.

- ¿Qué tipos de acciones ejecutas cada día en Instagram como parte de *social media marketing*?

Contenido y performance.

- ¿Qué problemas te encuentras en tu día a día en la utilización de Instagram?

Como agencia, la atención al cliente.

- ¿Qué es lo que más valoras de la plataforma Instagram?

La capacidad que tiene de autogenerar tendencias de contenido, *copies* y valores.

- Si comparas Instagram con otras redes sociales (como por ejemplo Facebook, TikTok, YouTube, X...), ¿qué valoras especialmente de Instagram?

El CPM y por tanto los costes de la mayoría de métricas.

- ¿Crees que Instagram es relevante para el sector del marketing digital?

Sí.

- ¿Qué opinan tus otros compañeros del departamento de marketing de la red social Instagram?

  En general, lo mismo.

- ¿Qué te gustaría cambiar de Instagram?

  Mark Zuckerberg.

- ¿Cómo ves el futuro de Instagram?

  Más vídeos, *stories* más largas y más productos.

2.4.2. Entrevista a Jordi Alcover, CEO & *founder* de Mediàtic (agencia de marketing digital, *branding* y PR)

- ¿Qué opinas de la plataforma Instagram para establecer estrategias y acciones de marketing para conectar con tus públicos?

  Con públicos es una red social muy eficiente y con otros no. Por ejemplo, nosotros somos una agencia de marketing especializada en servicios. Algunos de nuestros clientes se dirigen a través de redes sociales al consumidor final (véase centros comerciales, marcas de cosmética, gestorías, escuelas, etc.). Pero hay otros muy enfocados a segmentos b2b, en los que Instagram no es una red válida para hacer performance con este tipo de públicos.

- ¿Cómo te sientes trabajando con la red social Instagram?

  La programación de contenidos es muy incómoda e ineficaz. No hay plataformas programáticas que funcionen bien y en las que puedas hacer una estrategia de calendarizar los contenidos inclusive los *stories*. Tenemos que usar varias herramientas y nos resulta incómodo.

  Otro punto muy relevante es el crecimiento orgánico. Es muy difícil si no es mediante acciones *paid* o colaboraciones con *influencers*. El cliente no es consciente de las horas que hay detrás para ir creciendo.

- *¿Cuáles son las metas que tienes establecidas con Instagram?*

El cliente siempre pide crecimiento de *followers*, pero no valora ni la implementación de una estética más profesional ni unos *posts* más cualitativos. En cualquier caso, más allá del crecimiento en nuestros KPI es muy importante en *engagement* y en las campañas también la viralización del *post*.

- ¿Cómo valoras el uso de Instagram como parte de la estrategia de marketing?

  Actualmente es la red más popular y en cualquier estrategia de contenidos creemos necesario incorporar Instagram, aunque dependiendo del tipo de negocio. A nosotros nos funciona muy bien y también como estrategia complementaria en Google Ads.

- ¿Podrías proporcionarme ejemplos de estrategias y acciones que implementas en Instagram para generar *engagement* con tus públicos?

  Sorteos, generar *copies* y contenidos que inviten a la participación, como preguntas que empaticen mucho con el público y, finalmente, generar encuestas y preguntas interactivas; esto nos funciona muy bien.

- *¿Qué acciones y estrategias de marketing y social media marketing que utilizas te dan mejores resultados para conectar con tus públicos?*

  Depende. Las acciones *paid* siempre nos ayudan en el crecimiento y por lo que respecta a generar *engagement*, todo lo que corresponde a la respuesta a la pregunta anterior.

- ¿Qué tipos de acciones ejecutas cada día en Instagram como parte de *social media marketing*?

  Manejamos una treintena de calendarios de contenidos a diario en la agencia. Controlamos campañas, ya sea de alcance o de tráfico, sorteos, etc. Respuesta de comentarios, etc.

- ¿Qué problemas te encuentras en tu día a día en la utilización de Instagram?

  Sus limitaciones del contenido vídeo, sus limitaciones programáticas y sus limitaciones en el crecimiento orgánico de los perfiles.

- ¿Qué es lo que más valoras de la plataforma Instagram?

  Que es una plataforma muy popular y con la que puedes hacer perfiles muy estéticos y con mucho esmero y profesionalidad.

  Si comparas Instagram con otras redes sociales (como por ejemplo Facebook, TikTok, YouTube, X…), ¿qué valoras especialmente de Instagram?

  Su capacidad evolutiva y adaptativa a pesar de sus limitaciones.

- ¿Crees que Instagram es relevante para el sector del marketing digital?

  Sí, muy relevante.

- ¿Qué opinan tus otros compañeros del departamento de marketing de la red social Instagram?

  Que actualmente es la red b2c más popular.

- ¿Qué te gustaría cambiar de Instagram?

  Que sea una red mucho más flexible y con más facilidad programática.

- ¿Cómo ves el futuro de Instagram?

  Con dos grandes incógnitas. Qué papel tendrá con metaverso por medio y el enorme ascenso de TikTok. Le está pisando los talones. Instagram ya está empezando a sugerir perfiles *random* según tus gustos, el gran éxito de TikTok. Instagram dejará de ser una red para seguir a tus amiguetes; también es una ventana comercial y de contenidos interesante…

Capítulo 3

Figuras clave del *social media*

3.1. Introducción

Detrás de cada campaña exitosa en redes sociales hay un equipo de personas que trabaja para hacer que todo funcione. En este capítulo, conocerás los roles más importantes en un equipo de *social media*, como el *community manager*, el *social media manager* y el *content creator*. Aprenderemos qué hace cada uno de ellos, cómo trabajan juntos y por qué son esenciales para que la estrategia de redes sociales funcione bien.

3.2. Introducción a las figuras clave en *social media*

En el ecosistema del *social media*, las marcas necesitan equipos especializados que gestionen sus estrategias y contenidos para asegurar una comunicación efectiva y coherente. Las figuras clave en la gestión de *social media* son el *community manager* (CM), el *social media manager* (SMM), el *content creator/manager* (CC) y otros roles emergentes que desempeñan funciones críticas en la planificación, la ejecución y el análisis de las estrategias digitales. Este capítulo explora las responsabilidades, las cualidades necesarias y los casos de éxito relacionados con estos roles.

3.3. El rol del *community manager* (CM)

El *community manager* es el encargado de gestionar la comunidad *online* de la marca. Este profesional actúa como puente entre la empresa y sus seguidores en las redes sociales, comunicándose directamente con la audiencia para fomentar una relación positiva, leal y comprometida. Las responsabilidades de un CM van más allá de simplemente responder a comentarios; incluyen la creación de contenido atractivo, la gestión de la reputación y la monitorización del sentimiento de la comunidad.

3.3.1. Funciones principales del *community manager*

1. Altavoz de la marca:
   - Comunicar los mensajes clave y los valores de la marca de manera efectiva a la audiencia en las plataformas sociales.
   - Asegurar que la voz de la marca sea coherente en todas las interacciones.

2. Micrófono de la comunidad:
   - Recoger opiniones, sugerencias y preocupaciones de los usuarios y trasladarlas a los equipos correspondientes dentro de la empresa.
   - Monitorizar el sentimiento del usuario y realizar ajustes en la estrategia de contenido cuando sea necesario.

3. Gestión de crisis:
   - Detectar problemas potenciales o crisis de reputación en una etapa temprana y coordinarse con el equipo de *social media* para responder de manera rápida y adecuada.
   - Elaborar respuestas transparentes, empáticas y alineadas con los valores de la marca.

3.3.2. Cualidades clave de un buen *community manager*

- Creatividad: Capacidad para crear contenido innovador que atraiga y mantenga el interés de la comunidad.
- Empatía y proactividad: Habilidad para conectarse con los usuarios de manera auténtica y actuar rápidamente ante los problemas.

- Conocimiento del sector: Entender tanto a la audiencia como a la competencia para anticiparse a las tendencias y ajustar estrategias.

3.3.3. Caso de estudio. El caso de las cuentas *fake* de marcas de cacao en polvo

Este caso ilustra la importancia de la monitorización proactiva y la rápida respuesta ante situaciones de potencial daño a la reputación de la marca. En Twitter (actual X), surgieron dos perfiles falsos de marcas de cacao en polvo que empezaron a insultarse entre sí. La discusión se volvió viral y muchos usuarios creyeron que eran cuentas oficiales.

Figura 3.1. Tuit *fake* de Nesquik

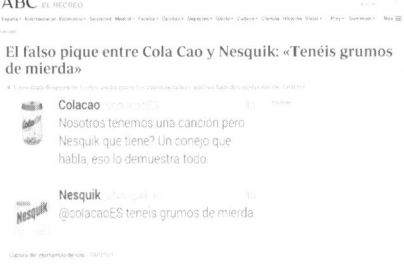

Fuente: El Español (2016).

Figura 3.2. Artículo de ABC sobre los tuits *fake*

ABC EL RECREO

El falso pique entre Cola Cao y Nesquik: «Tenéis grumos de mierda»

Colacao
Nosotros tenemos una canción pero Nesquik que tiene? Un conejo que habla, eso lo demuestra todo.

Nesquik
@colacaoES tenéis grumos de mierda

Fuente: ABC (2016).

Figura 3.3. Distintos tuits *fake* de la marca Cola Cao

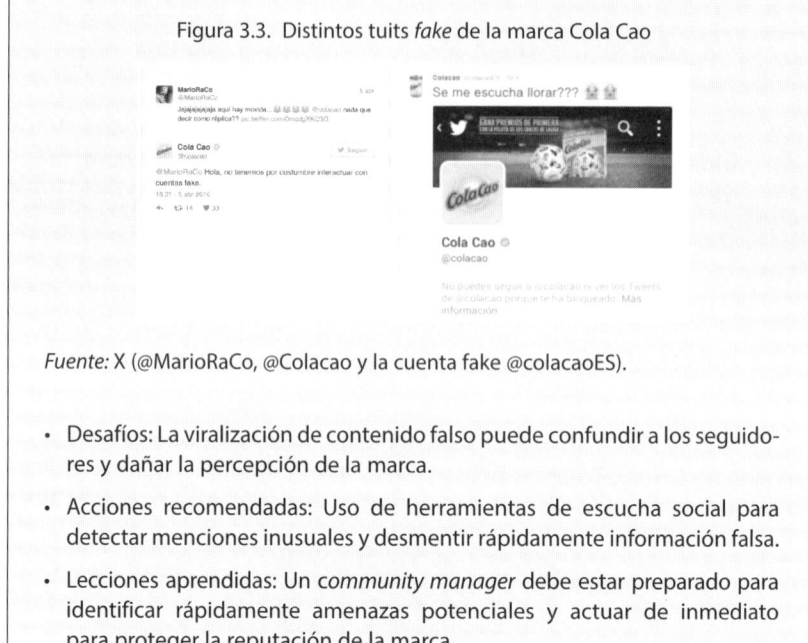

Fuente: X (@MarioRaCo, @Colacao y la cuenta fake @colacaoES).

- Desafíos: La viralización de contenido falso puede confundir a los seguidores y dañar la percepción de la marca.

- Acciones recomendadas: Uso de herramientas de escucha social para detectar menciones inusuales y desmentir rápidamente información falsa.

- Lecciones aprendidas: Un *community manager* debe estar preparado para identificar rápidamente amenazas potenciales y actuar de inmediato para proteger la reputación de la marca.

3.4. El rol del *social media manager* (SMM)

El *social media manager* es el encargado de la planificación estratégica y la ejecución de las campañas de *social media*. Este rol se centra en establecer objetivos, coordinarse con otros departamentos de marketing y analizar el rendimiento de las campañas para optimizar la estrategia de la marca en las plataformas sociales.

3.4.1. Funciones principales del *social media manager*

1. Desarrollo de estrategias de *social media*:

   - Crear planes estratégicos alineados con los objetivos comerciales de la empresa y con las metas específicas de cada plataforma de *social media*.
   - Supervisar la implementación de campañas y coordinarse con equipos creativos, de contenido y de ventas.

2. Análisis de datos y métricas:

- Monitorear y evaluar el rendimiento de las campañas mediante herramientas de análisis de *social media*.

- Ajustar estrategias y tácticas basadas en datos para maximizar el retorno de inversión (ROI).

3. Gestión de la reputación:

- Gestionar la reputación de la marca y coordinarse con el *community manager* para manejar cualquier crisis de comunicación.

3.4.2. Cualidades clave de un buen *social media manager*

- Orientación a datos: Capacidad para interpretar métricas y usar *insights* para tomar decisiones estratégicas.

- Visión estratégica: Planificación de campañas a largo plazo que se alineen con los objetivos de marketing globales.

- Habilidades de gestión de proyectos: Coordinación de múltiples equipos y gestión de recursos de manera eficiente.

3.4.3. Caso de estudio. Estrategia de *social media* de KitKat ante una crisis de reputación

Cuando un tuit negativo sobre KitKat se volvió viral y alcanzó la atención mediática, el equipo de *social media* tuvo que actuar rápidamente.

- Estrategia de respuesta:
  - El equipo formó un gabinete de crisis y emitió un comunicado público aceptando retuits y disculpándose.
  - Se comprometieron a revisar sus prácticas internas y demostrar responsabilidad ante la audiencia.

- Resultados: La respuesta rápida y la aceptación de responsabilidad ayudaron a mitigar la crisis y restablecer la confianza del cliente.

- Lecciones aprendidas: La transparencia y la rápida respuesta son claves en la gestión de crisis de *social media*.

3.5. El rol del *content creator / manager* (CC)

El *content creator* o *content manager* es responsable de la creación y gestión de contenido para *social media*. Este rol se centra en desarrollar contenido visualmente atractivo, informativo y alineado con los objetivos de la marca.

3.5.1. Funciones principales del *content creator / manager*

1. Planificación y creación de contenidos:

   • Desarrollar un calendario de contenidos que incluya publicaciones diarias, semanales y mensuales, alineado con la estrategia de *social media*.

   • Crear contenido de alta calidad en diversos formatos, como imágenes, vídeos, infografías, blogs, etc.

2. Adaptación a cada plataforma: Asegurarse de que el contenido esté optimizado para cada plataforma social, adaptando el tono y el formato a las características de cada una.

3. Análisis del rendimiento del contenido: Utilizar herramientas de análisis para medir el éxito del contenido y ajustar la estrategia en consecuencia.

3.5.2. Cualidades clave de un buen *content creator / manager*

• Creatividad e innovación: Capacidad para desarrollar ideas frescas que destaquen en un entorno competitivo.

• Conocimiento técnico: Familiaridad con las herramientas de creación de contenido y los algoritmos de las plataformas sociales.

• Capacidad de adaptación: Ajustarse rápidamente a las nuevas tendencias y a los cambios en los algoritmos de las plataformas.

3.5.3. Caso de estudio. Estrategia de contenido de Netflix en Twitter (X)

Netflix ha utilizado Twitter (X) de manera brillante, manteniendo un tono humorístico y culturalmente relevante que resuena con su audiencia.

- Estrategia: Publicación de memes, respuestas ingeniosas a los comentarios de los usuarios y contenido relacionado con sus series y películas populares para generar conversación y *engagement*.

- Resultados: Niveles excepcionales de *engagement* y una base de seguidores leal, que consolidan a Netflix como un líder en la conversación digital.

- Lecciones aprendidas: Entender a la audiencia y utilizar un tono humorístico y relevante puede ser una estrategia muy efectiva para marcas que buscan conectarse con sus seguidores de manera auténtica.

Figura 3.4. Estrategia de contenido de Netflix en Twitter (@NetflixES)

Fuente: Rolloid (2017).

3.6. Otros roles emergentes en *social media*

Con la evolución del *social media*, han surgido nuevos roles que son fundamentales para gestionar una presencia efectiva en línea:

1. Analista de *social media*: Se centra en la recopilación y análisis de datos para evaluar el rendimiento de las campañas de *social media*. Utiliza herramientas como Google Analytics, Hootsuite y Brandwatch.

2. Especialista en publicidad en *Social media* (*paid media specialist*): Responsable de la planificación, implementación y optimización de campañas publicitarias pagadas en plataformas como Facebook Ads, Instagram Ads y LinkedIn Ads.

3. Moderador de contenidos: Se encarga de supervisar y moderar los comentarios y las publicaciones de los usuarios para asegurar que cumplan con las políticas de la plataforma y de la marca.

3.7. Entrevistas

3.7.1. Entrevista a Albert Bellido Rivas, *senior brand manager* de Henkel Ibérica, Laundry & Home Care

- ¿Qué opinas de la plataforma Instagram para establecer estrategias y acciones de marketing para conectar con tus públicos?

  En *paid*, muy positiva por el *reach* que ofrece (gran penetración), con gran posibilidad de afinar la campaña a tu público (perfil demográfico e intereses). Aunque cada vez más saturado a nivel de anunciantes y el tipo de navegación de RR. SS. solo te permite impactar en dos o tres segundos (por lo que no hay *storytelling*).

  En *owned*, excelente canal de comunicación con tus consumidores.

- ¿Cómo te sientes trabajando con la red social Instagram (IG)?

  Es positivo siempre.

- ¿Cuáles son las metas que tienes establecidas con Instagram?

  Gran parte de mi estrategia en IG es de *paid*, por lo que las metas dependen de la campaña de comunicación (establecemos unos KPI en función del tipo de campaña y el presupuesto).

- ¿Cómo valoras el uso de Instagram como parte de la estrategia de marketing?

  Es un *must* ya (YouTube & Instagram son siempre los pilares).

- ¿Podrías proporcionarme ejemplos de estrategias y acciones que implementas en Instagram para generar *engagement* con tus públicos?

  La últimas de *engagement*: una campaña de WOM con #wippexpressdiscs (puedes ver las fotos del *hashtag*), acciones que hacemos bajo nuestra plataforma de CRM «Tucasaclub» o el lanzamiento del perfil de Somat.esp porque lanzamos una campaña hace unos años #momentosjuntos y se van haciendo acciones con consumidores.

- ¿Qué acciones y estrategias de marketing y *social media marketing* que utilizas te dan mejores resultados para conectar con tus públicos?

  Nos funciona la comunicación muy corta (dos o tres segundos) en *stories* y desarrollar mucho contenido de calidad.

- ¿Qué tipos de acciones ejecutas cada día en Instagram como parte de *social media marketing*?

  Paid (*stories* & muro), *wom*, promociones, contenido, *influencers*.

- ¿Qué problemas te encuentras en tu día a día en la utilización de Instagram?

  Muy bajo *click through* en *stories*.

- ¿Qué es lo que más valoras de la plataforma Instagram?

  El alcance que ofrece.

- Si comparas Instagram con otras redes sociales (como por ejemplo Facebook, TikTok, YouTube, X…), ¿qué valoras especialmente de Instagram?

  Posibilidad de crear una comunidad de seguidores.

- ¿Crees que Instagram es relevante para el sector del marketing digital?

  ¡Claro!

- ¿Qué opinan tus otros compañeros del departamento de marketing de la red social Instagram?

  Misma percepción.

- ¿Qué te gustaría cambiar de Instagram?

  Como consumidor, cuando encasilla a un consumidor con unos intereses en concreto, solo ofrece contenido relacionado. Por lo que es un poco limitado para descubrirle contenido nuevo.

  Como anunciante, falta más innovación técnica para nuevas formas de comunicar bajo la plataforma.

- ¿Cómo ves el futuro de Instagram?

  Sigue los pasos de Facebook. A nivel de público, es totalmente incierto (depende de si aparecen nuevas plataformas que se adelanten). Pero seguro que al igual que Facebook, va a ser centro de debate porque una plataforma cuyo es objetivo es 100% alcanzar el *like*, trae muchas consecuencias en la sociedad.

- Para finalizar, ¿hay algo más que te gustaría aportar desde tu experiencia como profesional sobre el uso de la plataforma Instagram en las acciones y estrategias de marketing y *social media marketing* para generar *engagement* con los usuarios?

  Sólo que, aunque todas las marcas queramos hacer *engagement*, lo cierto es que hacer una gran comunidad de seguidores solo lo puedes conseguir si tienes una marca con la que el consumidor no solo se identifique, sino que además se exprese o le dé estatus.

3.7.2. Entrevista a Ramón Ruiz, *Iberian media and CRM manager* de Nestlé

* ¿Qué opinas de la plataforma Instagram para establecer estrategias y acciones de marketing para conectar con tus públicos?

  Instagram es una plataforma muy interesante para formar parte del *mix* de medios en nuestras comunicaciones de marca, nuestros consumidores dedican tiempo a la plataforma, por lo que la valoran y es un buen canal de comunicación.

* ¿Cómo te sientes trabajando con la red social Instagram?

  Instagram es una más de las herramientas de social marketing; hay comunidades de consumidores interesados en diferentes temas, que aprecian el rol de las marcas en estas comunidades; yo mismo soy seguidor de algunas cuentas de Instagram.

* ¿Cuáles son las metas que tienes establecidas con Instagram?

  Las metas dependen mucho del objetivo de la marca: puede ser principalmente notoriedad de marca o consideración o en menor medida conversión a venta.

* ¿Cómo valoras el uso de Instagram como parte de la estrategia de marketing?

  La estrategia de marketing de la marca es bastante amplia y se adapta según los objetivos que se quieran alcanzar. Instagram es uno de los canales con los que trabajamos y puede desempeñar un papel relevante, especialmente cuando el social marketing forma parte de la estrategia general.

* ¿Podrías proporcionarme ejemplos de estrategias y acciones que implementas en Instagram para generar *engagement* con tus públicos?

Hay múltiples ejemplos: por ejemplo, en lanzamiento de nuevos productos, donde se va a comunicar esta nueva oferta/producto/marca y el objetivo es más notoriedad o en otros donde vamos más a consideración o potenciar más el *engagement* con la comunidad; un ejemplo podría ser nutriplato, que es un contenido sin marca para poder tener una alimentación saludable y equilibrada nutricionalmente, pues hay una comunidad amplia especialmente de familias interesadas en estos temas.

- ¿Qué acciones y estrategias de marketing y *social media marketing* que utilizas te dan mejores resultados para conectar con tus públicos?

Hay muchísimo ruido publicitario, por lo que una buena segmentación del *target*, basada no solo en elementos sociodemográficos sino en intereses reales, es clave para que nuestros mensajes sean relevantes para la audiencia. Esta es la base de una comunicación más relevante e interesante para el público.

- ¿Qué tipos de acciones ejecutas cada día en Instagram como parte de *social media marketing*?

En Nestlé tenemos muchas marcas y cada día es muy probable que estemos con varias marcas en diferentes audiencias; no todas las marcas comunican a todos los públicos, solamente a los públicos interesados en ellas.

- ¿Qué problemas te encuentras en tu día a día en la utilización de Instagram?

Es una gestión compleja para que sea eficiente, por lo que es necesario un equipo de profesionales para poder gestionar estas acciones.

- ¿Qué es lo que más valoras de la plataforma Instagram?

Instagram tiene una muy buena cobertura en la sociedad española y Meta (antiguo Facebook) que es la propietaria de esta red social permite optimizar juntamente con otras redes sociales para no sobre impactar a los usuarios y mejorar su experiencia de consumidor.

- Si comparas Instagram con otras redes sociales (como por ejemplo Facebook, TikTok, YouTube, X…), ¿qué valoras especialmente de Instagram?

Cada red social tiene sus ventajas y desventajas. Instagram ha crecido mucho en los últimos años y tiene un *target* ni muy *senior* ni muy joven que cuadra con muchas de nuestras marcas.

- ¿Crees que Instagram es relevante para el sector del marketing digital?

Definitivamente, Instagram es relevante para los usuarios, por lo que es relevante para el marketing digital, si bien esta es muy cambiante y los hábitos de consumo de medios se modifican con el tiempo, por lo que es importante acompañar al consumidor en los canales que considera relevantes con el contenido y marcas que valora en estos canales.

- ¿Qué opinan tus otros compañeros del departamento de marketing de la red social Instagram?

Siempre hay opiniones variadas y esto es la riqueza de cualquier equipo; nadie tiene la verdad absoluta y es importante que su uso sea el adecuado.

- ¿Qué te gustaría cambiar de Instagram?

Creo que el mercado es libre para ofrecer diferentes productos publicitarios y será el consumidor final el que con sus decisiones determinará el valor de cada uno de ellos.

- ¿Cómo ves el futuro de Instagram?

En el ámbito digital, el futuro es muy incierto, pues cambia todo muy rápido; creo que evolucionará como todas las redes sociales y en lo bien que se ajuste a lo que el consumidor requiera se determinará si va a más o a menos en el futuro.

- Para finalizar, ¿hay algo más que te gustaría aportar desde tu experiencia como profesional sobre el uso de la plataforma Instagram en las acciones y estrategias de marketing y *social media marketing* para generar *engagement* con los usuarios?

No, solamente hay que comentar que cuanto más adecues la comunicación a lo que es relevante, interesante y que el consumidor valore, mejor resultado obtendrás; esta es una máxima que se repite en los resultados de las acciones de marketing que vamos realizando, por lo que es clave entender a nuestros consumidores y ver cuál es la ecuación de valor que podemos ofrecerles antes de destinar presupuestos a comunicarla.

Capítulo 4

Preparación de una estrategia digital

4.1. Introducción

Tener una presencia efectiva en redes sociales no es cuestión de suerte, sino de planificación. En este capítulo veremos cómo se crea una estrategia digital paso a paso. Desde entender el contexto de tu marca y su entorno hasta definir objetivos y ponerlos en acción. Aprenderás a utilizar herramientas como el DAFO o el Business Model Canvas para construir una estrategia que te ayude a conectar mejor con tu audiencia y alcanzar tus metas.

4.2. Introducción a la estrategia digital en *social media*

La preparación de una estrategia digital en *social media* es fundamental para cualquier marca que quiera construir y mantener una presencia sólida y efectiva en plataformas digitales. Una estrategia digital efectiva se basa en comprender a fondo a la audiencia, definir los objetivos correctos, elegir las plataformas adecuadas y crear un plan detallado que abarque todos los aspectos del marketing digital.

Una estrategia bien planificada no solo establece el marco para todas las actividades en redes sociales, sino que también asegura que cada acción esté alineada con los objetivos de negocio de la marca. Este capítulo proporcionará una guía paso a paso para desarrollar una estrategia digital en *social media*, utilizando herramientas como el análisis DAFO, el Business Model Canvas y la definición de KPI (*key performance indicators*) para medir el éxito.

4.3. ¿Qué queremos decir y a quién?

La primera etapa en la preparación de una estrategia digital es definir qué queremos comunicar y a quién. Este paso implica:

- Identificar el público objetivo. Entender quién es el público objetivo es crucial para personalizar los mensajes y las estrategias. La audiencia puede segmentarse por demografía, intereses, comportamiento en línea y otros criterios específicos.

Figura 4.1. Ejemplos de público objetivo

SaaS company

Producto: software de CRM

Mercado objetivo: ejecutivos de empresas B2B

Público objetivo: gerentes de RR. HH. expertos en tecnología menores de 50 años

Empresa editorial

Producto: novela romántica

Mercado objetivo: mujeres que leen

Público objetivo: mujeres solteras de entre 20 y 50 años, con un buen nivel de estudios

Empresa de ropa deportiva

Producto: zapatillas para correr

Mercado objetivo: atletas que corren regularmente

Público objetivo: hombres de clase media alta de entre 20 y 30 años, que se preocupan por la salud

Fuente: Asana (2025).

- Diferenciar entre público objetivo y consumidores. Aunque los términos a menudo se utilizan de manera intercambiable, es importante distinguir entre ellos. El público objetivo se refiere a los grupos de personas a los que se dirige una campaña, mientras que los consumidores son aquellos que efectivamente compran o utilizan los productos o servicios.

- Cualidades de marca. Las marcas deben definir claramente las cualidades que desean proyectar en *social media*. Estas cualidades deben estar alineadas con los valores centrales de la marca y ser coherentes en todas las plataformas.

Figura 4.2. Ejemplos de propuesta de marca (blog)
La esencia de una marca piramide del adn

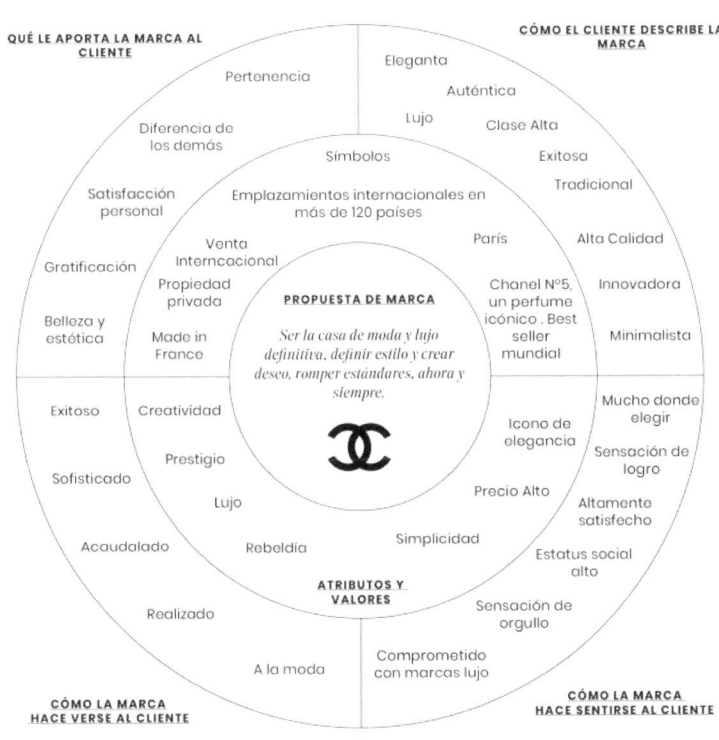

Fuente: Catalina López (2020).

4.3.1. Ejemplo de estrategia de comunicación: panorama social

El análisis del panorama social implica una evaluación del entorno competitivo y el comportamiento del consumidor en *social media*. Este análisis ayuda a identificar oportunidades y amenazas, y a establecer una estrategia que destaque a la marca en el entorno digital (acceder al artículo de Branch o ver Figuras 4.3 a 4.8).

Este tipo de diagnóstico permite adaptar los mensajes y contenidos a las plataformas más relevantes, optimizando así la conexión con las audiencias clave. Además, favorece la toma de decisiones basada en datos actualizados y tendencias de uso reales.

Para leer el artículo completo de Branch, se puede escanear el QR o hacer clic en el siguiente enlace:
https://branch.com.co/marketing-digital/estadisticas-de-la-situacion-digital-de-espana-en-el-2024/

Figura 4.3. Resumen del uso de redes sociales

Fuente: Branch (2024).

Figura 4.4. Facebook: Visión general del público objetivo publicitario

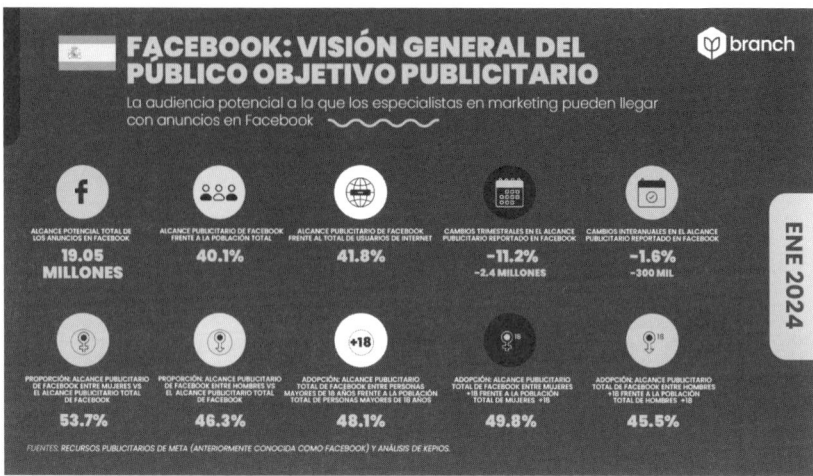

Fuente: Branch (2024).

Figura 4.5. Instagram: Visión general del público objetivo publicitario

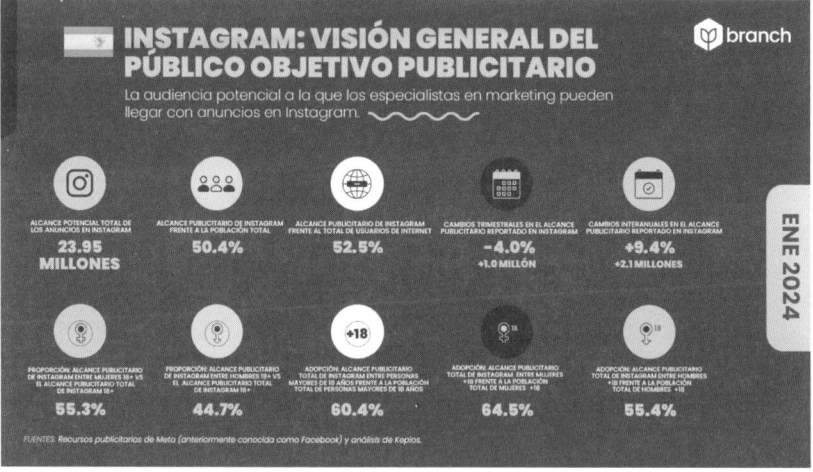

Fuente: Branch (2024).

Figura 4.6. X (antiguo Twitter): Visión general del público objetivo publicitario |
Artículo página web de Branch

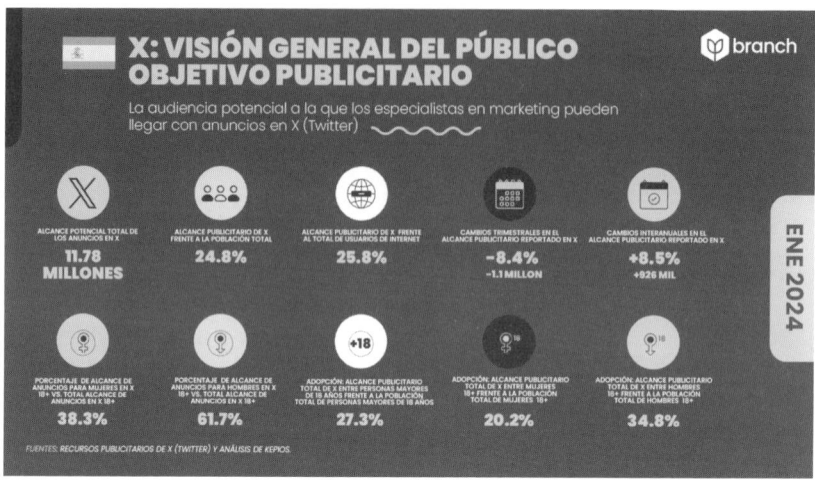

Fuente: Branch (2024).

Figura 4.7. LinkedIn: Resumen del público objetivo publicitario

Fuente: Branch (2024).

Figura 4.8. TikTok: Visión general del público objetivo publicitario |
Artículo página web de Branch

Fuente: Branch (2024).

4.4. Herramientas para desarrollar la estrategia

4.4.1. Análisis DAFO de *social media*

El análisis DAFO (debilidades, amenazas, fortalezas y oportunidades) es una herramienta fundamental para evaluar la situación actual de la marca en el entorno del *social media*. Ayuda a identificar:

- Fortalezas: Aspectos positivos internos que la marca puede aprovechar.
- Debilidades: Áreas internas que necesitan mejorar.
- Oportunidades: Factores externos que la marca puede explotar para su beneficio.
- Amenazas: Factores externos que podrían perjudicar a la marca.

El análisis DAFO debe realizarse en la fase inicial de la estrategia digital para asegurar que todas las acciones se alineen con las necesidades y circunstancias de la marca.

Figura 4.9. Cómo hacer un análisis DAFO

Interno

Fortalezas

- ¿Qué hacemos bien?

- ¿Qué dicen nuestros clientes o socios que les gusta sobre nosotros?

- ¿En qué áreas superamos a nuestros competidores?

- ¿Qué es único en nuestro negocio, productos o servicios?

- ¿Qué activos poseemos? (Propiedad intelectual, tecnología propia, capital)

Debilidades

- ¿Qué podemos mejorar?

- ¿Con qué no están satisfechos nuestros clientes o socios?

- ¿En qué áreas nos quedamos atrás respecto a nuestros competidores?

- ¿En qué carecemos de conocimientos o recursos?

Positivo

Oportunidades

- ¿De qué tendencias emergentes podríamos aprovecharnos?

- ¿Qué fortalezas pueden ser valiosas para socios potenciales?

- ¿De qué mercados adyacentes podríamos aprovecharnos?

- ¿Hay localizaciones geográficas con una competencia menor?

Amenazas

- ¿Qué está haciendo tu competencia?

- ¿Cómo podrían nuestras debilidades dejarnos vulnerables?

- ¿Para qué tendencias del mercado no estamos preparados?

- ¿Qué problemas económicos o políticos podrían afectar a nuestro negocio?

Negativo

Externo

Fuente: Natalia Zhukova (2022).

4.4.2. Ejemplo de DAFO en *social media*

DAFO de tres empresas muy conocidas realizados con la aplicación de HubSpot en su web: https://blog.hubspot.es/marketing/analisis-foda.

Figura 4.10. DAFO de ZARA

FORTALEZAS

1. Adaptación a clientes y países
2. Producción rápida
3. Renovación constante de inventarios
4. Precios competitivos

DEBILIDADES

1. Poca variedad en tallas
2. Nulo marketing ATL
3. Diseños no exclusivos
4. Políticas de personal

OPORTUNIDADES

1. Apertura a más países
2. Tienda en línea
3. Alianzas con otras marcas
4. Más líneas de productos

AMENAZAS

1. Demanda textil saturada
2. Nuevos competidores
3. Subida de impuestos y materia prima
4. Crisis económica

Fuente: Elaboración propia utilizando HubSpot (2024).

Figura 4.10. DAFO de Apple

Apple Inc.

FORTALEZAS

1. Fuerte lealtad de los clientes
2. Ecosistema integrado
3. Capacidad de marketing y branding
4. Fuerte posición financiera

DEBILIDADES

1. Alta competencia en el mercado
2. Dependencia de productos de alta gama
3. Dependencia de proveedores
4. Limitaciones de personalización

OPORTUNIDADES

1. Innovación continua
2. Expansión en mercados emergentes
3. Desarrollo de servicios digitales
4. Potencial de diversificación

AMENAZAS

1. Riesgos de seguridad y privacidad
2. Riesgos en la cadena de suministro
3. Regulaciones gubernamentales y legales
4. Preferencias del consumidor

Fuente: Elaboración propia utilizando HubSpot (2024).

Figura 4.11. DAFO de McDonald´s

FORTALEZAS

1. Amplia red de restaurantes
2. Eficiencia operativa
3. Reconocimiento mundial
4. Fuerte estrategia de marketing

DEBILIDADES

1. Mala percepción por ser comida rápida
2. Fuerte competencia en la industria
3. Preferencia del consumidor
4. Riesgo en cadena de suministro

OPORTUNIDADES

1. Diversificación del menú
2. Expansión en mercados emergentes
3. Enfoque en la sostenibilidad
4. Mejora de la experiencia del cliente

AMENAZAS

1. Nueva competencia constante
2. Preferencia y hábitos alimenticios
3. Regulaciones de salud y alimentación
4. Riesgo reputacional

Fuente: Elaboración propia utilizando HubSpot (2024).

4.4.3. Business Model Canvas

El Business Model Canvas es una herramienta estratégica utilizada para definir y visualizar los elementos clave de un negocio o estrategia. En el contexto del *social media*, ayuda a mapear cómo se crean, entregan y capturan valor en las plataformas digitales.

El *canvas* se divide en bloques que cubren aspectos como:

1. Propuesta de valor: Qué valor ofrece la marca a sus clientes.

2. Segmentos de clientes: Identificación de los segmentos de audiencia clave.

3. Canales: Plataformas de *social media* y otros canales utilizados para llegar a la audiencia.

4. Relaciones con clientes: Cómo interactúa la marca con sus seguidores y clientes.

5. Flujo de ingresos: Cómo se monetizan las actividades en *social media*.

6. Recursos clave: Recursos necesarios para ejecutar la estrategia.

7. Actividades clave: Principales actividades que deben realizarse para que la estrategia tenga éxito.

8. Socios clave: Asociaciones estratégicas que apoyan la estrategia de *social media*.

9. Estructura de costos: Costos asociados con la ejecución de la estrategia.

Figura 4.12. Plantilla del Business Model Canvas hecho por Strategyzer

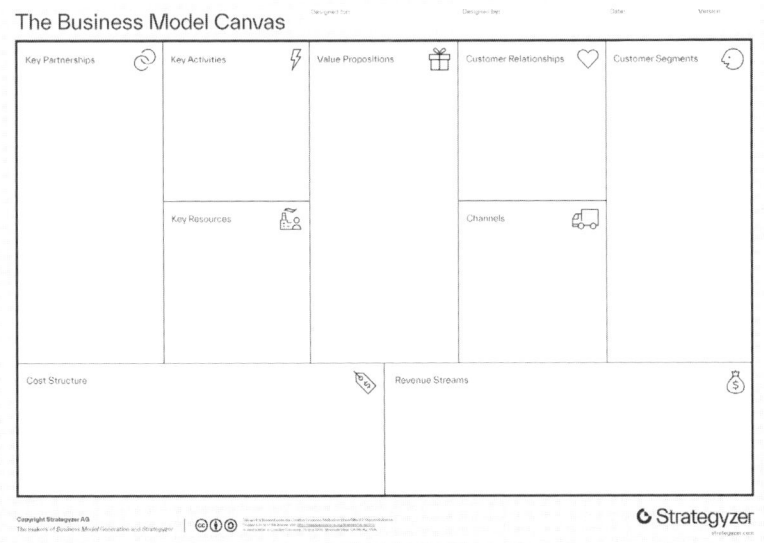

Fuente: Strategyzer (2025).

Se puede descargar el modelo escaneando el QR o hacer clic en el siguiente enlace:
https://www.strategyzer.com/library/the-business-model-canvas

Ejemplo de Business Canvas Model para Uber:

- Propuesta de valor: Transporte accesible y eficiente.

- Segmentos de clientes: Usuarios de transporte urbano, viajeros.

- Canales: Aplicación móvil, redes sociales, asociaciones con eventos.

- Relaciones con clientes: Atención al cliente 24/7, incentivos de fidelidad.

Figura 4.13. Ejemplo del Business Model Canvas de Uber hecho con Strategyzer

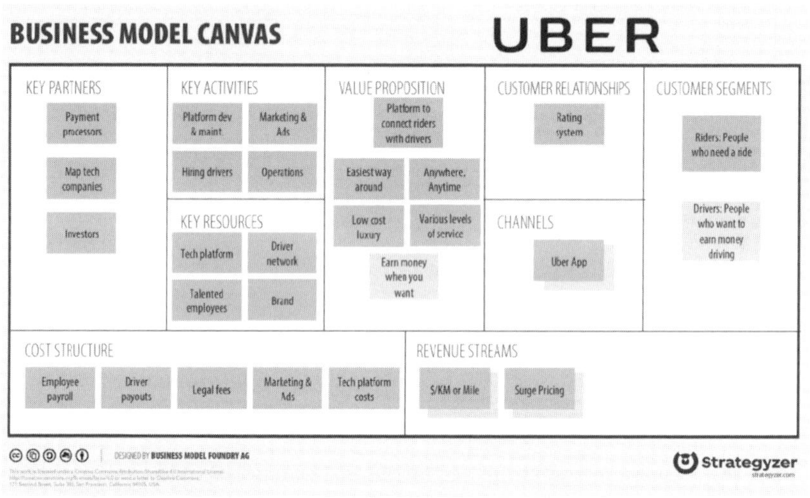

Fuente: Strategyzer (2025).

4.5. De la estrategia a la acción: ¿cómo traducimos esto en acciones?

Una vez definido el público objetivo, el análisis DAFO y el modelo de negocio, es crucial traducir estos elementos estratégicos en acciones concretas. Esto incluye:

- Desarrollo de un plan de contenidos: Definir el tipo de contenido que se creará (blogs, vídeos, infografías), la frecuencia de publicación y las plataformas adecuadas.

- Campañas de *social media*: Creación de campañas específicas que estén alineadas con la propuesta de valor y los objetivos de la marca.

- Actividades de *engagement*: Estrategias para fomentar la interacción con los seguidores, como concursos, encuestas y sesiones en vivo.

4.6. Definición de KPI: objetivos en una estrategia digital

Los KPI (*key performance indicators*) son métricas utilizadas para medir el rendimiento de la estrategia digital y evaluar si se están cumpliendo los objetivos establecidos. Elegir los KPI correctos es esencial para el éxito de la estrategia.

4.6.1. Tipos de KPI en *social media*

1. KPI cuantitativos:

   - *Engagement rate*: Mide la interacción de los usuarios con el contenido (*likes*, comentarios, *shares*).

   - *Reach* e *impressions*: Cuántas personas han visto el contenido y cuántas veces.

   - *Conversion rate*: Tasa de conversión de acciones específicas, como ventas, registros o descargas.

2. KPI cualitativos:

   - Posicionamiento de marca: Medición de cómo se percibe la marca en comparación con los competidores.

   - Sentimiento de marca: Evaluación del sentimiento del usuario a través de comentarios y *feedback*.

- Propuesta de valor: Evaluación de si la audiencia comprende y se conecta con los valores de la marca.

4.6.2. Ejemplo de medición de KPI en Nike

Nike comenzó a medir el impacto del contenido generado en 2012 evaluando métricas como *likes* versus *engagement* real. Esta evaluación permitió a la empresa ajustar sus estrategias de contenido para mejorar la interacción y la conversión.

A partir de estos datos, la marca priorizó la creación de contenido más auténtico y emocional, alineado con los intereses de su comunidad. Esto contribuyó a fortalecer la fidelidad del público y a optimizar el rendimiento de sus campañas digitales.

4.7. Construcción de la identidad de marca

La identidad de marca es un componente crucial de cualquier estrategia de *social media*. Se construye a través de la personalidad de marca, la identidad de marca y la promesa de marca.

1. Personalidad de marca: Conjunto de características humanas aplicadas a la marca. Es algo con lo que el consumidor puede relacionarse y que puede aumentar el *brand equity*.

2. Identidad de marca: Elementos visibles como el color, diseño, logo y tono de voz. Es lo que diferencia a la marca en la mente del consumidor.

3. Promesa de marca: Compromiso que la marca hace al mundo. Es la razón de ser de la marca y debe estar presente en todos los aspectos de la compañía.

4.8. Casos prácticos de estrategias digitales de marca

4.8.1. Caso práctico: Coca-Cola

- *Brand promise:* «Refrescar el mundo en mente, cuerpo y espíritu, inspirar momentos de optimismo y felicidad a través de nuestras marcas y acciones, y crear valor y hacer la diferencia».
- Estrategia: Coherencia en la comunicación de la promesa de marca en todos los medios y canales, adaptando el mensaje a las plataformas específicas.
- Lecciones aprendidas: La coherencia y adaptación del mensaje son claves para mantener una identidad de marca sólida.

Figura 4.14. Posts de Coca-Cola en Instagram

Fuente: Coca-Cola España en Instagram (@cocacola_esp).

Figura 4.15. *Post* de Coca-Cola en Instagram.

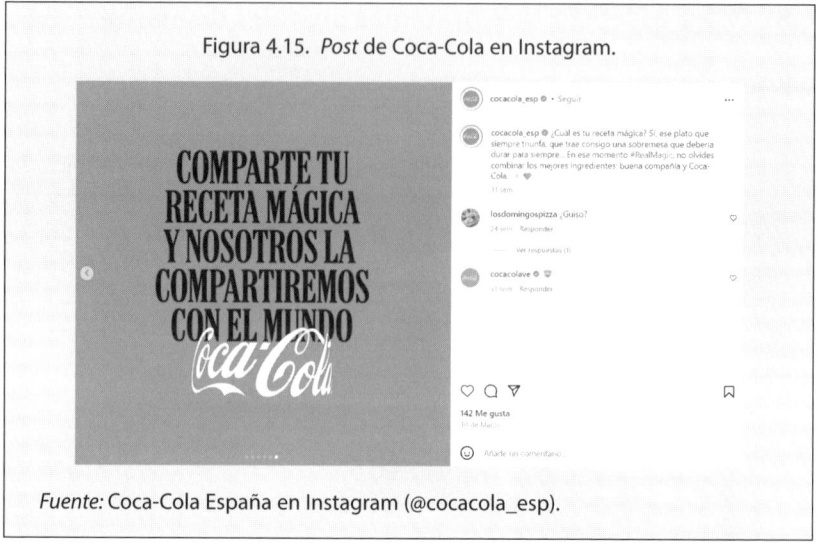

Fuente: Coca-Cola España en Instagram (@cocacola_esp).

4.8.2. Caso práctico: Nike

- Brand promise: «*Bring inspiration and innovation to every athlete in the world. (If you have a body, you are an athlete)* —en español: Llevar inspiración e innovación a todos los atletas del mundo. (Si tienes cuerpo, eres un atleta)—».
- Estrategia: Utilización de mensajes motivacionales y visuales potentes que resuenan con la audiencia objetivo.
- Lecciones aprendidas: Una promesa de marca bien definida puede ser la base para construir campañas de marketing efectivas y coherentes.

Figura 4.16. Prisma de la identidad de marca de Nike

PICTURE OF SENDER

Physique
Just do it. logo-symbol

Personality
Sportive spirit, athlete, lifestyle.

Relationship
Confort, provocation "Yesterday you said tomorrow" "Run the day, don't let it run you.

Culture
American, sport and fitness

NIKE

Reflection
Full of energy, aggressive, youthful, competitive, brand conscious.

Self-Image
I am an athlete.
I am brand conscious.
I am cool.

EXTERNALIZATION

INTERNALIZATION

PICTURE OF RECEIVER

Fuente: Ridhima Kapoor (2016).

Figura 4.17. *Post* de Nike en Instagram

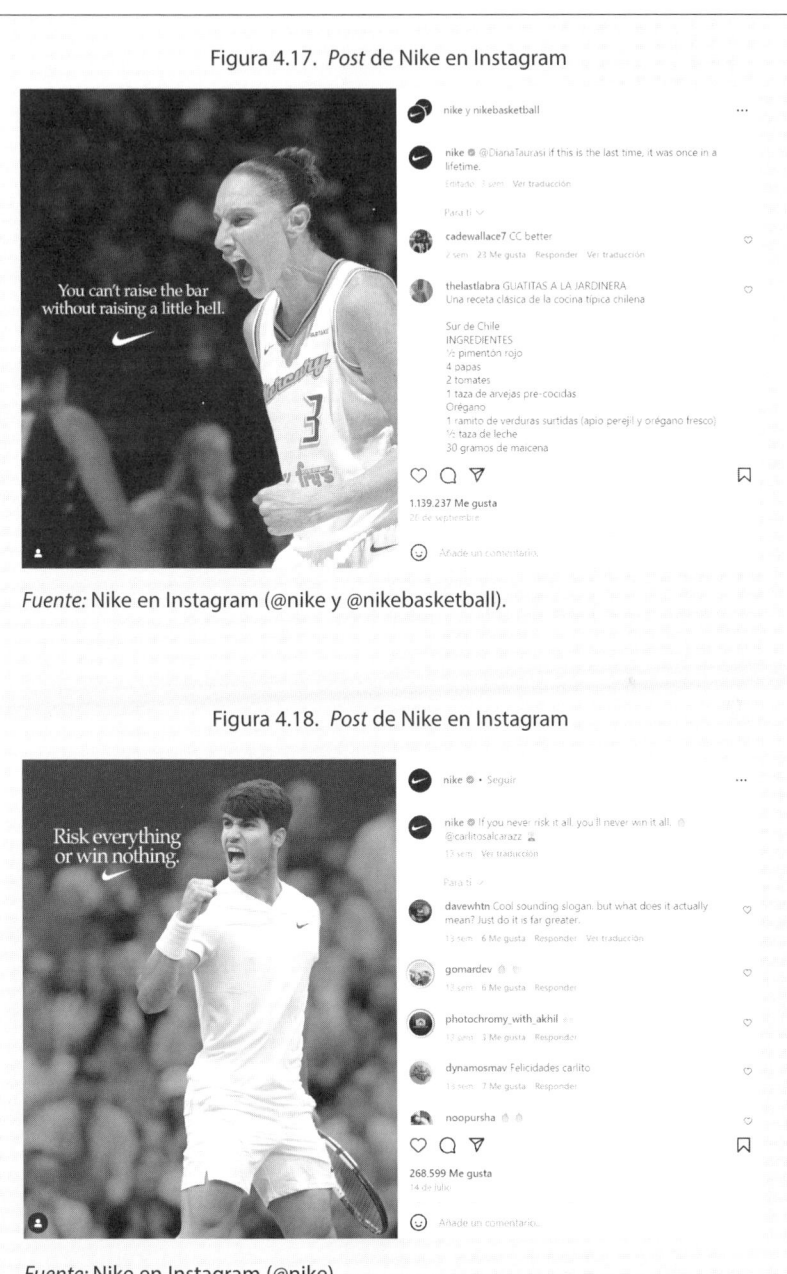

Fuente: Nike en Instagram (@nike y @nikebasketball).

Figura 4.18. *Post* de Nike en Instagram

Fuente: Nike en Instagram (@nike).

Figura 4.19. *Post* de Nike en Instagram

Fuente: Nike en Instagram (@nike y @nikefootball).

4.9. Entrevista

4.9.1. Entrevista a Armand Zoroa, director de Imago

- ¿Qué opinas de la plataforma Instagram para establecer estrategias y acciones de marketing para conectar con tus públicos?

  Instagram se ha convertido en la red social principal para la mayoría de nuestros clientes. A la hora de escoger presencia en redes, habitualmente Instagram es la preferencia número uno.

- ¿Cómo te sientes trabajando con la red social Instagram?

  Ofrece las suficientes opciones para que el trabajo de comunicación pueda dar resultados óptimos, a pesar de que presenta una serie de condicionantes que hacen que no sea sencillo aumentar el número de seguidores rápidamente. Desde el punto de vista del profesional que gestiona contenidos en Instagram, hay opciones que mejorar respecto a la programación de contenidos. En cuanto a la creatividad, ofrece una variedad muy amplia, sobre todo gracias a las opciones en los *stories*.

- ¿Cuáles son las metas que tienes establecidas con Instagram?

  Por un lado, reflejar los valores de la marca y mostrar su voz de manera atractiva y visual. Por otro, obtener una masa de seguidores que se sienta atraída por los contenidos que se le ofrecen, de manera que interactúen con nosotros.

- ¿Cómo valoras el uso de Instagram como parte de la estrategia de marketing?

  Actualmente es imprescindible, sobre todo si hablamos de productos, servicios o marcas que se dirigen al consumidor final.

- ¿Podrías proporcionarme ejemplos de estrategias y acciones que implementas en Instagram para generar *engagement* con tus públicos?

  Contenidos atractivos que apelen a un *insight* del usuario, imágenes y vídeos visualmente llamativos, colaboraciones cruzadas con otras marcas, marketing de *influencers*, potenciar la interactividad de los *stories*, concursos…

- ¿Qué acciones y estrategias de marketing y *social media marketing* que utilizas te dan mejores resultados para conectar con tus públicos?

  Depende mucho de cada caso, pero se trata de dar con algo que conecte con el usuario. El reto consiste en combinar tus necesidades de comunicación con lo que en realidad quieren ver las personas que te siguen. Al fin y al cabo, estás ofreciendo un contenido que alguien debe disfrutar porque desea verlo.

- ¿Qué tipos de acciones ejecutas cada día en Instagram como parte de *social media marketing*?

  Creación de contenidos en función de la estrategia de *social media* previamente definida, reacción a temas de interés (sobre todo mediante *stories*), programación de los contenidos, seguimiento, interacción con marcas y usuarios, gestión de la comunidad, anuncios, control de estadísticas...

- ¿Qué problemas te encuentras en tu día a día en la utilización de Instagram?

El sistema de alertas de Instagram no siempre es el más exacto y requiere un seguimiento exhaustivo. En cualquier caso, como cualquier red social necesita de un cierto tiempo de dedicación si pretendes que tu trabajo obtenga resultados; y el carácter eminentemente visual de esta red requiere un trabajo de producción previo, sobre todo si se quiere exprimir el potencial del vídeo.

- ¿Qué es lo que más valoras de la plataforma Instagram?

Hasta hace cierto tiempo la ratio de *engagement* era bastante alta, algo que el algoritmo de Instagram ha limitado en gran medida recientemente. Aun así, se pueden conseguir datos altos de interacción. Las *stories* y los *reels* permiten expresar la creatividad e interactuar con las personas. También se pueden alcanzar grandes públicos con efectividad a través de las campañas de inversión.

Si comparas Instagram con otras redes sociales (como por ejemplo Facebook, TikTok, YouTube, X...), ¿qué valoras especialmente de Instagram?

Es una red ideal para potenciar el aspecto visual y creativo de la marca. Y, afortunadamente, no registra unos niveles de *hate* tan altos como X, por ejemplo.

- ¿Crees que Instagram es relevante para el sector del marketing digital?

Mucho. De hecho, tengo la sensación de que para Facebook es más importante Instagram que el propio Facebook. Y para las marcas es un terreno en el que estar presente dentro de sus elecciones en *social media*.

- ¿Qué opinan tus otros compañeros del departamento de marketing de la red social Instagram?

  Por ejemplo, para las compañeras que se ocupan del marketing de *influencers*, Instagram es una herramienta fundamental en su trabajo.

- ¿Qué te gustaría cambiar de Instagram?

  Añadiría opciones publicitarias para ampliar la base de seguidores, algo que no está disponible actualmente. Y, como a cualquier red social, pero en las que son propiedad de Facebook más todavía, le pediría que el algoritmo no ejerza tanto su tiranía.

- ¿Cómo ves el futuro de Instagram?

  Se encuentra en una posición ventajosa, pero el mundo de las redes sociales cambia constantemente. Su estrategia en cuanto a innovaciones se ha basado en gran medida en incorporar lo que funcionaba en Snapchat en su momento y lo que ahora triunfa en TikTok, aunque esta última red supone una amenaza actual para Instagram, sobre todo entre los usuarios más jóvenes.

Capítulo 5

Canales y métricas

5.1. Introducción

No todas las redes sociales son iguales, y en este capítulo hablaremos de cómo elegir los canales más adecuados para tu marca y cómo medir el éxito de tus publicaciones. Analizaremos las plataformas más populares, como Instagram, TikTok o LinkedIn, y las métricas que debes seguir para saber si tu estrategia está funcionando o no. Además, descubrirás cómo ajustar tus campañas según los resultados que obtienes en cada plataforma.

5.2. Introducción a los canales de *social media*

La elección de los canales de *social media* adecuados es fundamental para una estrategia digital exitosa. No todas las plataformas son iguales, y cada una tiene sus características, audiencia y ventajas únicas. Entender cómo funcionan los diferentes canales y cuáles son sus puntos fuertes permite a las marcas ofrecer contenido optimizado para generar el mayor *engagement* posible. Además, es crucial medir y analizar el rendimiento en cada plataforma utilizando las métricas correctas para evaluar si se están alcanzando los objetivos.

5.3. ¿Por qué nos siguen? ¿Por qué queremos que nos sigan?

Antes de crear contenido o lanzar campañas, es esencial comprender por qué los usuarios siguen a la marca y qué objetivos de negocio se busca lograr con esos seguidores. Esta alineación asegura que los recursos invertidos generen resultados tangibles.

Figura 5.1. ¿Por qué te sigue la gente?

Ofrecer atención al cliente	60 %
Introducir nuevos productos	51 %
Anunciar sus productos	45 %
Por la posibilidad de interactuar con la marca directamente	44 %
Comunicar su propósito y valores	43 %

Fuente: Edelman (2018).

- Averiguar por qué nos siguen. Conocer las expectativas del usuario es fundamental. Si los usuarios siguen a la marca esperando un buen servicio al cliente, pero se enfocan todos los recursos en creatividad, los impactos de marca serán percibidos como vacíos y frustrarán al usuario.

- Alinear razones con objetivos. Es crucial alinear estas razones con los objetivos de la empresa en *social media*. Si el objetivo es aumentar las ventas, se debe planificar una estrategia que guíe a los seguidores hacia la conversión, en lugar de solo centrarse en contenido atractivo pero irrelevante para ese propósito (ver Figura 5.2).

5.4. Principales canales de *social media* y sus métricas

Cada canal de *social media* tiene su propio conjunto de métricas y formatos que deben considerarse al desarrollar una estrategia. A continuación, se analizan los principales canales y sus métricas clave.

Figura 5.2. Principales objetivos que una organización
pretende lograr con las redes sociales

Fuente: Hootsuite (2021).

5.4.1. Facebook

- Reacciones: Incluyen *likes*, *loves* y otras reacciones. Ayudan a medir la respuesta emocional del contenido.

- Clics y compartir: Indicadores de contenido que invita a la acción y la propagación.

- Comentarios: Reflejan la interacción activa con el contenido y son valiosos para comprender el sentimiento.

- Mensajes directos (DM): Indicador del interés personal de los usuarios en los servicios o productos.

5.4.2. Instagram

- Me gusta, comentarios, compartir: Indicadores del *engagement* general con el contenido.

- Visitas al perfil: Miden el interés de los usuarios en conocer más sobre la marca.

- *Branded hashtags*: Utilización de *hashtags* específicos de la marca para crear comunidad y medir el alcance.

- *Story sticker tap*: Medición de la interacción con las historias a través de *stickers* (encuestas, preguntas).

5.4.3. Twitter (X)

- Retuits y menciones: Indicadores de viralidad y participación en conversaciones.

- Comentarios: Medida de la interacción activa con el contenido.

- *Hashtags* de marca: Útiles para seguir conversaciones y medir el alcance del contenido en torno a temas específicos.

5.4.4. LinkedIn

- Me gusta, comentarios, *reposts*: Reflejan la interacción en un contexto profesional.

- Mensajes directos: Interés directo en oportunidades comerciales o de *networking*.

5.4.5. TikTok

- Me gusta, comentarios, guardar, compartir: Indicadores del nivel de *engagement* con vídeos cortos.
- Tasa de reproducción: Medida de cuántas veces se ve un vídeo en comparación con el número de impresiones.
- Tasa de finalización de vídeo: Porcentaje de vídeos que se ven hasta el final, indicando el nivel de interés.

5.4.6. YouTube

- Me gusta, comentarios, compartir, descargas, guardar: Indicadores de popularidad y valor percibido del contenido.
- Reproducción y tasa de finalización de vídeo: Importantes para evaluar la calidad del contenido y su relevancia para la audiencia.
- *Shorts*: Nueva tendencia para vídeos cortos; importante para generar *engagement* rápido.

5.5. La inversión publicitaria en redes sociales

La inversión publicitaria en redes sociales sigue creciendo y representa una gran parte del presupuesto de marketing digital de las marcas. En 2022, un tercio de la inversión publicitaria se destinó a las redes sociales, con las siguientes distribuciones:

- Meta (Facebook e Instagram): 45%
- TikTok: 25%
- Formato móvil: Crecimiento del 23% en 2022, estimado a alcanzar los 303.000 millones a nivel global en 2023.

La clave para una inversión publicitaria efectiva es entender los puntos fuertes de cada canal y crear contenido adaptado que maximice el *engagement* y las conversiones.

5.6. Principales formatos y contenidos para *social media*

Cada plataforma tiene formatos de contenido específicos que resuenan más a su audiencia. Conocer estos formatos es fundamental para crear contenido efectivo.

- Facebook e Instagram:
  - Imágenes y vídeos cortos: Ideales para el *engagement* rápido.
  - *Reels* (Instagram): Vídeos cortos que favorecen la viralidad.
  - *Stories*: Contenido efímero que aumenta la interacción diaria.

Figura 5.3. *Post* con imagen de María Pombo en Instagram

Fuente: Instagram (@mariapombo).

Figura 5.4. *Reel* con vídeo de María Pombo en Instagram

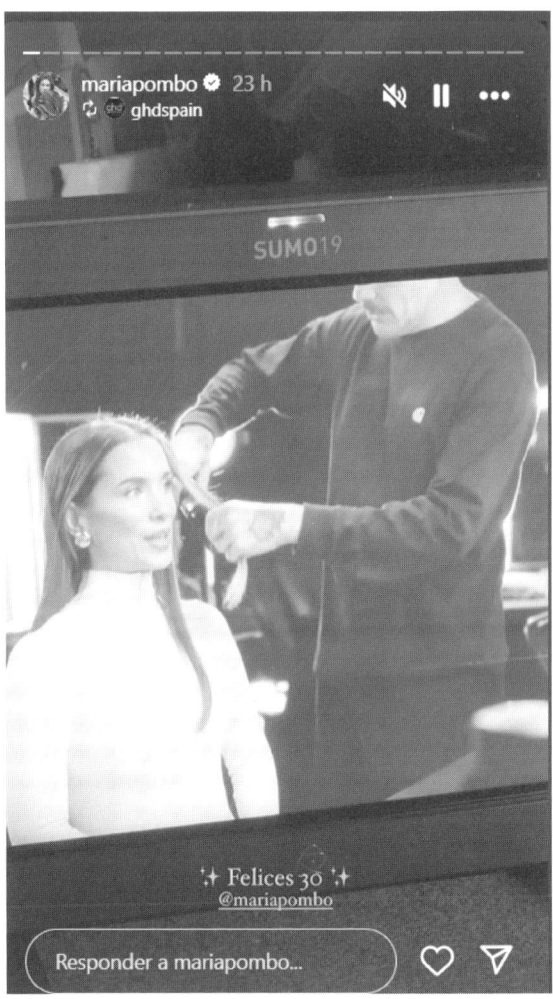

Fuente: Instagram (@mariapombo).

- Twitter (X):
  - Tuits con imágenes o vídeos: Mayor visibilidad y retención.
  - Sin límite de publicaciones: Pero se recomienda no saturar para evitar pérdida de alcance.

Figura 5.5. Cuenta de X (Twitter) de la comentarista americana Liz Wheeler

Fuente: X (@Liz_Wheeler).

- LinkedIn:
  - Artículos largos y contenido profesional: Ideal para compartir conocimientos y liderazgo de pensamiento.
  - Publicaciones de empresa y *reposts*: Aumentan la visibilidad profesional.

Figura 5.6. Artículo escrito por VILT Group en su página de LinkedIn

Fuente: Joao Martins (2024).

- TikTok:
  - Vídeos de 15 a 60 segundos: Contenido visual y entretenido que genera *engagement*.
  - *Trends* y *challenges*: Generan alta participación y visibilidad.

Figura 5.7. *Overview* de los vídeos más vistos en TikTok (*homepage*)

Fuente: https://www.tiktok.com/discover/most-viewed-vídeo-on-tiktok

5.7. Estrategias para aumentar el alcance y la interacción

5.7.1. Concursos y sorteos

Los concursos y sorteos son una forma popular de aumentar rápidamente los seguidores y el *engagement*, aunque no siempre conducen a una audiencia comprometida a largo plazo.

- Ventajas: Crecimiento rápido de seguidores.
- Desventajas: Riesgo de baja retención y *engagement* si los nuevos seguidores están solo interesados en los premios.

Figura 5.8. Publicación de sorteo de Instagram de la cuenta: @happyjolu

Fuente: Instagram (@happyjolu).

5.7.2. Colaboraciones con *influencers*

Trabajar con *influencers* que creen contenido generado por el usuario (UGC) es fundamental para aumentar la credibilidad de la marca. Los *influencers* pueden actuar como líderes de opinión que validan la calidad de los productos o servicios.

Caso de estudio de Perspirex en TikTok: Uso de *trends* en TikTok para aumentar la visibilidad de la marca.

Figura 5.9. Cuenta de TikTok de Perspirex (@perspirex_es)

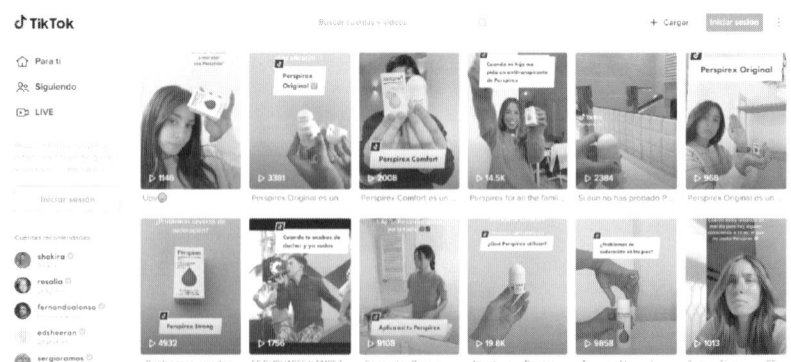

Fuente: TikTok (@perspirex_es).

5.7.3. Colaboración con otras marcas

El *cobranding* puede ayudar a cruzar seguidores entre dos marcas, impactando a nuevas audiencias que no estaban expuestas previamente al contenido.

- Estrategia: Crear contenido con marcas complementarias para amplificar el alcance y diversificar la audiencia.

5.8. Métricas del *social media* y su importancia

No todas las métricas son igualmente útiles, pero entender las más relevantes es esencial para evaluar si se están alcanzando los objetivos.

5.8.1. Alcance (*reach*) e impresiones

- Alcance: Número de personas únicas que ven el contenido.

- Impresiones: Número total de veces que el contenido es visto. Una misma persona puede generar múltiples impresiones.

5.8.2. Tasa de crecimiento de seguidores

Mide cuántos nuevos seguidores se obtienen en un periodo específico. Es útil para evaluar el crecimiento de la comunidad.

5.8.3. Tasa de interacción (*engagement rate*)

Se calcula como el porcentaje de interacciones en relación con el alcance o el número de seguidores. Una alta tasa de interacción indica contenido relevante y atractivo.

5.8.4. Tasa de amplificación

Relación entre la cantidad de veces que se comparte una publicación y el número total de seguidores. Es útil para medir la viralidad del contenido.

5.9. Caso de medición y análisis en *social media*

5.9.1. Caso de estudio. Wallapop: activación *offline* en *social media*

Wallapop lanzó una acción *offline* que se convirtió en un caso de éxito en *social media*. La clave fue la calendarización del contenido y la integración con *influencers* y eventos.

- Estrategia: Integrar contenido *offline* con campañas digitales, generando alto *engagement* a través de la participación activa de *influencers*.
- Resultados: Aumento significativo en la visibilidad de la marca y la percepción positiva.

5.10. La conversión en *social media*

El *social media* puede no ser un canal de conversión directa como el marketing de rendimiento (*performance marketing*), pero sí puede generar un efecto de *brandformance* (*branding* + *performance*). Puntos clave para validar la conversión:

1. *Engagement* alto, pocas ventas: Validar si el contenido está dirigido al público adecuado.

2. Medir el ROI con honestidad: No todas las conversiones en *social media* son inmediatas, pero pueden ser significativas a largo plazo.

3. Uso de múltiples parámetros: Tener varias fuentes de *tracking* para comprender mejor el ROI.

5.11. Entrevistas

5.11.1. Entrevista a Xavi Camós, *marketing & brand manager* de Moritz Barcelona

- ¿Qué opinas de la plataforma Instagram para establecer estrategias y acciones de marketing para conectar con tus públicos?

  Es la plataforma que mejor está *performing* en general y en particular para nuestro público. Es «*the place to be*» para las marcas. Estar tiene implicaciones estratégicas y presupuestarias. No puedes estar de cualquier manera. El perfil de la plataforma y de sus seguidores requiere la generación de contenido de calidad, adaptando código y tono al soporte para tener éxito.

- ¿Cómo te sientes trabajando con la red social Instagram?

  Cómodo. Pero hay que estar al día como en cualquier entorno digital y en concreto en entorno Facebook. El algoritmo cambia constantemente y hay que estar al loro para optimizar métricas.

- ¿Cuáles son las metas que tienes establecidas con Instagram?

  Que la plataforma ayude a conseguir los objetivos estratégicos de marca. Construir posicionamiento, valores de marca, incrementar comunidad e incremento de los ratios de *engage*.

- ¿Cómo valoras el uso de Instagram como parte de la estrategia de marketing?

  Plataforma con un perfil de usuarios más cualitativo vs. el resto de las plataformas.

- ¿Podrías proporcionarme ejemplos de estrategias y acciones que implementas en Instagram para generar *engagement* con tus públicos?

Hay que dar recorrido a las campañas de marca en Instagram pero adaptando el tono, el lenguaje y los formatos a la red. Partiendo del mismo concepto, las ejecuciones deben ser distintas. Un *copy/paste* o una declinación de lo que haces en TV o exterior no funciona. Hemos tenido experiencias en un sentido y otro, y los resultados son realmente distintos.

De forma táctica los sorteos ayudan a construir *engagement* con rapidez y cortoplacismo, y no ayudan a construir una comunidad sólida.

- ¿Qué acciones y estrategias de marketing y *social media marketing* que utilizas te dan mejores resultados para conectar con tus públicos?

Generación constante de contenidos de marca que pivotan sobre la estrategia de marca, posicionamiento y propósito.

- ¿Qué tipos de acciones ejecutas cada día en Instagram como parte de *social media marketing*?

De todo tipo. Pero la clave está en la eficiencia. No hace falta generar contenido diario, sino que rinda al máximo el contenido que se publica.

- ¿Qué problemas te encuentras en tu día a día en la utilización de Instagram?

Cambios en el algoritmo constantes.

Necesidad de *paid* para tener un *reach* suficiente. El impacto orgánico está prácticamente muerto.

- ¿Qué es lo que más valoras de la plataforma Instagram?

Calidad de la audiencia, ratios de *engage* vs. el resto de las plataformas, datos de crecimiento de la propia plataforma.

- ¿Crees que Instagram es relevante para el sector del marketing digital?

Sin duda. Pero no todas las marcas deben estar en IG. Estar tiene implicaciones. Dependiendo del sector, otras RR. SS. seguro que son mucho más necesarias.

- ¿Qué opinan tus otros compañeros del departamento de marketing de la red social Instagram?

La ven imprescindible en la estrategia digital para la marca en este momento.

- ¿Qué te gustaría cambiar de Instagram?

IG deberá ir reinventándose para seguir manteniendo las ratios de crecimiento. Deberá ir adoptando en su interfaz lo más relevante de sus competidores. Al estar bajo el universo FB, no son rápidos implementando novedades, pero cuando lo hacen, lo hacen bien y de forma eficaz.

- ¿Cómo ves el futuro de Instagram?

En el corto plazo seguirá *performando* de forma excelente. En el largo plazo es impredecible.

5.11.2. Entrevista a Jorge Mateo, *marketing manager* de Abstracta

- ¿Qué opinas de la plataforma Instagram para establecer estrategias y acciones de marketing para conectar con tus públicos?

Es válida para algunos clientes; para otros no. Sin inversión es muy difícil o casi imposible tener viralidad.

- ¿Cuáles son las metas que tienes establecidas con Instagram?

Depende del cliente, normalmente conseguir un buen ROI, pero algunos clientes solo desean posicionamiento de marca.

- ¿Cómo valoras el uso de Instagram como parte de la estrategia de marketing?

Depende del cliente; en algunos casos puede ser hasta el 100% de su inversión, para otros no es apenas válido.

- ¿Podrías proporcionarme ejemplos de estrategias y acciones que implementas en Instagram para generar *engagement* con tus públicos?

  Sorteos, preguntas, contenido fácil de viralizar.

- ¿Qué acciones y estrategias de marketing y *social media marketing* que utilizas te dan mejores resultados para conectar con tus públicos?

  Contenido de calidad.

- ¿Qué tipos de acciones ejecutas cada día en Instagram como parte de *social media marketing*?

  Crear contenido y gestionar las cuentas publicitarias de algunos clientes.

- ¿Qué problemas te encuentras en tu día a día en la utilización de Instagram?

  Muchas herramientas no son muy *user friendly*, sobre todo para anuncios y muchas veces hay que apoyarse en herramientas externas.

- ¿Qué es lo que más valoras de la plataforma Instagram?

  Simplicidad de contenidos.

- Si comparas Instagram con otras redes sociales (como por ejemplo Facebook, TikTok, YouTube, X…), ¿qué valoras especialmente de Instagram?

  Simplicidad de contenidos.

- ¿Crees que Instagram es relevante para el sector del marketing digital?

  Sí.

- ¿Qué opinan tus otros compañeros del departamento de marketing de la red social Instagram?

  Lo mismo.

- ¿Qué te gustaría cambiar de Instagram?

Facebook Ads.

- ¿Cómo ves el futuro de Instagram?

A largo plazo desaparecerá, pues todas las redes sociales terminan quedándose obsoletas o dejan de atraer.

5.11.3. Entrevista a Andrea Barbero, *digital marketing executive* de Lewis Global Communications

- ¿Qué opinas de la plataforma Instagram para establecer estrategias y acciones de marketing para conectar con tus públicos?

Instagram se plantea como un canal de comunicación que forma parte de la estrategia global. Esta herramienta nos permite interactuar, conocer inquietudes e intereses, compartir contenido visual acompañado de textos, analizar los resultados de las publicaciones y el compartimiento de nuestras audiencias.

Los beneficios de esta plataforma son muchos, dado el gran número de usuarios que la usan diariamente y todas las funcionalidades y formatos que ofrece. Pero lo que no tiene sentido es utilizarla de manera aislada o cómo único canal de interacción, ya que no alcanzaremos los objetivos marcados. Pese a los beneficios comentados, existen barreras en la plataforma, como la visualización del *feed* según su algoritmo, las recurrentes caídas o la eliminación de publicaciones bajo su criterio de «violento» o «inadecuado».

- ¿Cómo te sientes trabajando con la red social Instagram?

Al ser una herramienta intuitiva y que anuncia progresivamente sus novedades, el sentimiento predilecto es cómodo; si bien es verdad que tiene muchas vinculaciones con Facebook y puede que esto genere una barrera para algunas empresas que no deseen abrir un perfil en otra red social solo para acceder a funcionalidades o herramientas de análisis, lo cual choca dada la importancia que muestra Instagram por favorecer la experiencia de los usuarios.

- ¿Cuáles son las metas que tienes establecidas con Instagram?

  Las metas de esta red social forman parte de los objetivos globales, donde nos planteamos maximizar el alcance y conocimiento de la compañía, promocionar las campañas y novedades que desarrollamos para nuestros clientes o a nivel corporativo.

- ¿Cómo valoras el uso de Instagram como parte de la estrategia de marketing?

  La valoración es positiva teniendo en cuenta los beneficios comentados anteriormente, pero siendo conscientes de que existen puntos de mejora para maximizar su utilidad.

- ¿Podrías proporcionarme ejemplos de estrategias y acciones que implementas en Instagram para generar *engagement* con tus públicos?

  Por un lado, nuestras estrategias y contenidos se planifican con antelación para gestionar todos los materiales con tiempo. Priorizamos contenidos en formato vídeo y *copies* que inciten a la acción, incorporando creatividades relacionadas con los equipos, las campañas de nuestros clientes, las temáticas y tendencias de actualidad o las campañas a nivel global de la compañía.

  Estas acciones se ven reforzadas por el resto de los canales utilizados en la difusión de la campaña.

- ¿Qué acciones y estrategias de marketing y *social media marketing* que utilizas te dan mejores resultados para conectar con tus públicos?

  En nuestro caso, las estrategias de SEO y *paid* poseen una gran importancia dado el perfil de *buyer persona* que tenemos definido. A través de ambos canales promocionamos nuestros servicios, *webinars*, *podcasts* y *whitepaper* que nos permiten alcanzar y cualificar *leads*. En cuanto a *social media marketing* el peso de nuestras acciones es menor, ya que el perfil al que queremos alcanzar utiliza muy poco este canal cómo búsqueda de referencias, si bien es cierto que LinkedIn, como red social de referencia, plantea muchas limitaciones en cuanto a funcionalidades.

- ¿Qué tipos de acciones ejecutas cada día en Instagram como parte de *social media marketing*?

Revisión de notificaciones, programación de contenidos y búsqueda de tendencias (publicaciones del sector, campañas de empresas o profesionales relacionados)…

- ¿Qué problemas te encuentras en tu día a día en la utilización de Instagram?

Hasta hace poco esta plataforma no mostraba los resultados según se habían ido publicando, por lo que la revisión del día a día se ralentizaba teniendo que ir a ver diferentes perfiles de forma específica; otra barrera de la plataforma es que no permite enlazar contenidos o navegar por ella sin estar registrado.

- ¿Qué es lo que más valoras de la plataforma Instagram?

Es una plataforma que está en continua evolución para mejorar las funcionalidades que ofrece y escucha las demandas del mercado. Hace poco la compañía comunicó que va a tener tres *feeds* con los que el usuario podrá elegir las publicaciones que quiere que se muestren según sus preferencias.

Otro punto es que ha sabido unificar la sección de vídeos para no generar un panel inmenso y poco útil para la navegación a través de *smartphones* y también ha incorporado, aunque quizás con un poco de retraso, opciones de uso a través de *desktop*.

Otro gran punto es la gestión de diferentes cuentas desde un mismo dispositivo, aunque existen limitaciones en cuanto al número, lo cual es un punto que revisar para compañías que se dedican a nuestra actividad.

Por último, el tema de las estadísticas es un panel demasiado reducido y con pocas opciones de filtro para analizar en detalle algunas acciones.

- Si comparas Instagram con otras redes sociales (como por ejemplo Facebook, TikTok, YouTube, X…), ¿qué valoras especialmente de Instagram?

Al compararla con otras redes sociales, vemos como ha ido adquiriendo un poco de cada una de ellas. Cada vez que ha aparecido una nueva red social o funcionalidad ha intentado integrarla para que sus usuarios no tengan que abandonar la plataforma en busca de novedades. Algunos ejemplos son las *stories* y los filtros característicos que se iniciaron en Snapchat, los vídeos de TikTok que han tomado presencia en forma de *reels*…

El punto de Instagram al adquirir estas acciones es que persigue que vincules todas tus cuentas y cada publicación que realices se muestre en todos tus perfiles. En el caso de las campañas de pago, permite que cualquier usuario sin mucho conocimiento pueda promocionar su contenido.

- ¿Crees que Instagram es relevante para el sector del marketing digital?

Sí, es un elemento esencial al que debe darse importancia teniendo en cuenta el potencial de la herramienta y las posibilidades que existen para realizar acciones de marketing de *influencers*, campañas virales… Sin embargo, la relevancia depende del público objetivo al que la compañía vaya dirigida.

- ¿Qué opinan tus otros compañeros del departamento de marketing de la red social Instagram?

Mismos comentarios dado que trabajamos de manera conjunta.

- ¿Qué te gustaría cambiar de Instagram?

Existen algunas mejoras respecto a otras redes sociales, como la capacidad de edición de una publicación; en el caso de Instagram no se puede reemplazar el contenido visual publicado; sí que puedes editar el texto, la ubicación o las opciones de ubicación, pero creo que es un punto importante para revisar, ya que es una plataforma prioritariamente visual.

También la mencionada barrera de la inclusión de enlaces, la cual dificulta la redirección a páginas o información relevante a la que queremos redirigir a los usuarios. Si bien hace poco que ha incluido el *sticker* de enlace en el formato *stories*, es algo que debería plantearse para futuras actualizaciones.

- ¿Cómo ves el futuro de Instagram?

El futuro próximo de esta plataforma se plantea en la línea actual con pequeñas actualizaciones como las que estamos viviendo en la actualidad. A largo plazo es muy difícil determinarlo, ya que depende mucho de las demandas del mercado. Lo que sí podemos observar ahora mismo es la aparición de nuevas plataformas y nuevos formatos que se mantendrán en el tiempo y que pueden acabar robando el protagonismo de Instagram.

Capítulo 6

Estrategia en *social media*

6.1. Introducción

Desarrollar una estrategia en *social media* va más allá de publicar contenido. En este capítulo, aprenderemos a alinear cada publicación con los objetivos de la empresa, eligiendo las plataformas correctas y usando herramientas que nos permitan medir el impacto de nuestras acciones. Aquí te mostraremos cómo planificar, ejecutar y optimizar tus campañas para obtener los mejores resultados posibles.

6.2. Introducción a la estrategia en *social media*

La estrategia en *social media* es un plan detallado que define cómo una marca utilizará las plataformas de redes sociales para alcanzar sus objetivos de marketing y negocio. Involucra la planificación, la ejecución y el monitoreo de actividades en canales sociales para construir una presencia en línea sólida, generar *engagement* y, en última instancia, conducir a conversiones. Este capítulo explorará cómo diseñar una estrategia de *social media* efectiva que esté alineada con los objetivos de la marca y que utilice herramientas y metodologías apropiadas.

6.3. Análisis de situación y definición de objetivos

6.3.1. Análisis del contexto

El primer paso en cualquier estrategia de *social media* es realizar un análisis exhaustivo del contexto en el que opera la marca. Este análisis incluye la evaluación del entorno competitivo, las tendencias del mercado, el comportamiento del consumidor y los resultados previos en *social media*. Las herramientas clave para este análisis son:

- Análisis DAFO: Identificación de debilidades, amenazas, fortalezas y oportunidades en el contexto digital.

- *Benchmarking* de competencia: Evaluación de las estrategias de los competidores para identificar áreas de oportunidad y aprendizaje.

- *Social listening:* Uso de herramientas como Hootsuite, Sprout Social y Brandwatch para monitorear conversaciones relevantes y detectar temas de interés.

6.3.2. Definición de objetivos SMART

Definir objetivos claros y alcanzables es fundamental para medir el éxito de cualquier estrategia de *social media*. Los objetivos deben ser SMART (*specific*, *measurable*, *achievable*, *relevant*, *time-bound*). Ejemplos de objetivos SMART podrían ser:

- Aumentar el *engagement* en Instagram en un 25% en los próximos tres meses mediante la creación de contenido visual atractivo y la colaboración con *microinfluencers*.

- Incrementar el tráfico al sitio web en un 15% a través de campañas de contenido en LinkedIn y X.

6.4. Selección de canales y creación de contenido

6.4.1. Elección de los canales adecuados

No todas las plataformas de *social media* son igualmente efectivas para todas las marcas. La selección de los canales debe basarse en los siguientes factores:

- Perfil de la audiencia: Determinar en qué plataformas es más probable que la audiencia objetivo esté activa. Por ejemplo, una marca dirigida a profesionales de negocios puede centrarse en LinkedIn, mientras que una marca de moda juvenil puede enfocarse en Instagram y TikTok.

- Tipo de contenido: Algunas plataformas son más adecuadas para contenido visual (Instagram, TikTok), mientras que otras son mejores para contenido escrito o debates (LinkedIn, X).

- Objetivos de marketing: Cada plataforma ofrece diferentes herramientas y métricas para alcanzar objetivos específicos, desde el reconocimiento de marca hasta la generación de *leads* y las ventas.

6.4.2. Creación de contenido estratégico

Una vez seleccionados los canales, el siguiente paso es desarrollar un calendario de contenido que esté alineado con los objetivos estratégicos. Esto incluye:

- Diversificación de contenidos: Incluir una gran variedad de tipos de contenido, como publicaciones de blog, vídeos, infografías, podcasts, encuestas, etc., para mantener el interés de la audiencia.

- Uso de contenido generado por el usuario (UGC): Fomentar que los usuarios creen contenido alrededor de la marca para aumentar la autenticidad y el *engagement*.

- Contenido de valor y educación: Crear contenido que no solo promocione productos o servicios, sino que también eduque e informe a la audiencia.

6.4.3. Ejemplo de plan de contenidos para una marca de moda en Instagram

1. Lunes: Publicación de un *look* de la semana con un enlace a la tienda *online*.

2. Miércoles: Historias con un *influencer* mostrando diferentes formas de llevar las prendas.

3. Viernes: Concurso de la comunidad para ganar un *outfit* completo.

6.5. Herramientas para la gestión de estrategias de *social media*

Existen múltiples herramientas disponibles para ayudar en la planificación, la implementación y el análisis de estrategias de *social media*. Algunas de las herramientas más importantes son:

- Hootsuite y Buffer: Herramientas para la programación de publicaciones y la monitorización de interacciones.

- Google Analytics y Facebook Insights: Herramientas de análisis de datos que proporcionan información sobre el tráfico web, el comportamiento del usuario y las métricas de conversión.

- Canva y Adobe Creative Suite: Herramientas para la creación de contenido visual atractivo y personalizado.

6.6. Implementación de campañas de *social media*

Una vez que la estrategia y el plan de contenido están definidos, es crucial implementar campañas de *social media* que maximicen el impacto y el *engagement*. Algunas tácticas clave para la implementación de campañas son:

- Publicidad pagada (*paid media*): Usar anuncios pagados en plataformas como Facebook Ads, Instagram Ads y LinkedIn Ads para aumentar el alcance y la conversión.

- Colaboración con *influencers*: Asociarse con *influencers* relevantes que puedan promover la marca de manera auténtica y creíble.

- Uso de *retargeting*: Implementar campañas de *retargeting* para atraer nuevamente a usuarios que han interactuado previamente con la marca, pero no han convertido.

Figura 6.1. Razones para invertir en publicidad en redes sociales

5 RAZONES PARA INVERTIR EN PUBLICIDAD EN REDES SOCIALES

Atrae clientes potenciales
La publicidad permite que los usuarios hagan clic en el enlace y se dirijan a la página principal y queden atrapados con el producto o servicio.

Brinda visibilidad
Invertir en publicidad permitirá llegar al público suficiente y conseguir los números deseados.

Aumentará las acciones
Llegarás a más personas, que te sigan, comenten y compartan tu contenido esto te proporcionará mejores

Incrementará el target
Cuando inviertes en la plataforma correcta, aumentan tus posibles clientes y es más probable que cierres ventas.

Bajos costos
Una buena estrategia, contenido, timing y una repartición inteligente de presupuesto impulsarán tu negocio o marca.

Fuente: Axiomacero (2022).

6.6.1. Caso de estudio: estrategia de publicidad en redes sociales de Nike

Nike utiliza una combinación de publicidad pagada y orgánica en sus estrategias de *social media*. Su enfoque se centra en la creación de contenido visualmente atractivo y motivacional que resuene con su audiencia de atletas y entusiastas del deporte.

- Estrategia:

  - Publicación de vídeos cortos con testimonios de atletas, utilizando tanto anuncios pagados como publicaciones orgánicas.

  - Integración de anuncios de *retargeting* para atraer a usuarios que han mostrado interés en productos específicos en el pasado.

- Resultados: Aumento significativo en la conversión de ventas en línea y en las métricas de *brand awareness*.

- Lecciones aprendidas: La combinación de contenido atractivo y campañas pagadas puede aumentar significativamente tanto el alcance como las conversiones.

Figura 6.2. *Reel* publicado en la cuenta de Instagram de Nike

Fuente: Instagram (@nike).

6.7. Métricas y evaluación de resultados en *social media*

La medición y evaluación del rendimiento es fundamental para entender si la estrategia de *social media* está funcionando y cómo puede mejorarse. Los *key performance indicators* (KPI) son métricas específicas que se utilizan para evaluar el éxito.

6.7.1. Métricas cuantitativas clave

1. *Engagement rate*: Mide la interacción de los usuarios con el contenido (*likes*, comentarios, *shares*). Un alto *engagement rate* indica un contenido relevante y atractivo.

2. *Reach* y *impressions*: Miden cuántas personas han visto el contenido y cuántas veces ha sido visto.

3. *Conversion rate*: Mide la efectividad de las campañas para convertir visitantes en clientes.

6.7.2. Métricas cualitativas clave

1. Sentimiento de marca: Evaluación del sentimiento del usuario en relación con la marca mediante comentarios y *feedback*.

2. Posicionamiento de marca: Comparación de cómo se percibe la marca frente a la competencia.

6.8. Optimización continua de la estrategia

Una estrategia de *social media* debe ser dinámica y ajustarse constantemente a las necesidades cambiantes del mercado y de la audiencia. La optimización continua implica:

- Análisis de resultados: Revisar periódicamente los datos de rendimiento para identificar qué estrategias están funcionando y cuáles necesitan ajustes.

- Pruebas A/B: Implementar pruebas A/B para identificar qué versiones de contenido, titulares o llamadas a la acción generan mejores resultados.

- *Feedback* del usuario: Escuchar a la comunidad y adaptar la estrategia en función del *feedback* recibido.

6.9. Caso de estrategias en *social media*

6.9.1. Caso de estudio: estrategia de *social media* de Coca-Cola

Coca-Cola ha mantenido una estrategia de *social media* coherente y efectiva a lo largo de los años, centrada en promover felicidad, unión y momentos compartidos.

- Estrategia:

  - Contenido emocional y positivo que resuena con un amplio rango de audiencias.

  - Uso de campañas virales, como la de «Comparte una Coca-Cola», que alienta a los consumidores a participar y compartir en las redes sociales.

- Resultados: Aumento significativo en la visibilidad de marca y *engagement* en múltiples plataformas.

- Lecciones aprendidas: Las campañas que se centran en los valores emocionales y la participación del usuario pueden generar un impacto duradero.

Figura 6.3. Campaña publicitaria de Coca-Cola «Comparte una Coca-Cola»

Fuente: coca-cola.com.

6.10. Entrevistas

6.10.1. Entrevista a Ignasi Cavallé i Cascante, CEO de Mediaclick

- ¿Qué opinas de la plataforma Instagram para establecer estrategias y acciones de marketing para conectar con tus públicos?

  Es una de las plataformas imprescindibles actualmente en el sector digital y más para el sector moda. Mi opinión es que hay que trabajar dicha plataforma desde la perspectiva orgánica, pero para poder atraer de forma efectiva a un *target* concreto, es necesario combinar la presencia orgánica con campañas de pago.

- ¿Cómo te sientes trabajando con la red social Instagram?

  Es una red completa que te proporciona mucha variedad de acciones y, por tanto, desde el punto de vista de marketing digital es muy efectiva, por lo que me siento muy cómodo.

- ¿Cuáles son las metas que tienes establecidas con Instagram?

  En Instagram normalmente se suele trabajar para potenciar la notoriedad, el posicionamiento de marca y la visibilidad comercial.

- ¿Cómo valoras el uso de Instagram como parte de la estrategia de marketing?

  Como he comentado antes, es una plataforma esencial y de la que no se puede prescindir, pero hay que trabajarla con unos objetivos y unas estrategias muy definidas.

- ¿Podrías proporcionarme ejemplos de estrategias y acciones que implementas en Instagram para generar *engagement* con tus públicos?

  Generar *engagement* es complicado en función del tipo de producto y sector al que pertenezca el proyecto. En un proyecto de moda, la aspiracionalidad y la calidad en fotos y vídeos es clave para que haya una respuesta por parte del usuario.

- ¿Qué acciones y estrategias de marketing y *social media marketing* que utilizas te dan mejores resultados para conectar con tus públicos?

Para conectar con un público concreto, lo más efectivo siempre son las campañas de publicidad, ya que con ellas puedes desarrollar segmentaciones muy exactas y estas te permiten acercarte a un *target* muy definido; incluso se pueden hacer test y pruebas de diferentes *targets* para ver cuál reacciona mejor a tus *inputs* de marca y comerciales.

- ¿Qué tipos de acciones ejecutas cada día en Instagram como parte de *social media marketing*?

  Para atraer una presencia en Instagram lo más efectiva posible, hay que definir una estrategia de contenidos que hay que ir midiendo semanalmente, tanto desde la propia herramienta como desde Google Analytics. También es necesario gestionar campaña e irlas optimizando.

- ¿Qué problemas te encuentras en tu día a día en la utilización de Instagram?

  El principal problema es la saturación y esto deriva en al pequeño nivel de *engagement* general de los contenidos orgánicos de los perfiles de empresa, hecho que hace imprescindible activar campañas de *ads* o promocionar el contenido para poder llegar a más usuarios.

- ¿Qué es lo que más valoras de la plataforma Instagram?

  Su capacidad de segmentación en campañas, su versatilidad y su potencial audiencia.

- Si comparas Instagram con otras redes sociales (como por ejemplo Facebook, TikTok, YouTube, X…), ¿qué valoras especialmente de Instagram?

  La verdad es que las distintas plataformas se parecen cada vez más, utilizan *inputs* muy similares (*reels*, vídeos, *stories*…), cada red social tiene su propio *target* prioritario; en temas de moda Instagram siempre es una de las principales plataformas. Dependiendo del *target* que busques, utilizarás más una plataforma u otra.

- ¿Crees que Instagram es relevante para el sector del marketing digital?

Actualmente es una herramienta fundamental en las estrategias de marketing digital.

- ¿Qué opinan tus otros compañeros del departamento de marketing de la red social Instagram?

Lo mismo que yo.

- ¿Qué te gustaría cambiar de Instagram?

La posibilidad de incluir enlaces en las entradas.

- ¿Cómo ves el futuro de Instagram?

Depende de la evolución de otras plataformas, pero, como la mayoría, tiene fecha de caducidad en función de la evolución de las tecnologías y tendencias del mercado.

- Para finalizar, ¿hay algo más que te gustaría aportar desde tu experiencia como profesional sobre el uso de la plataforma Instagram en las acciones y estrategias de marketing y *social media* marketing para generar *engagement* con los usuarios?

La importancia de definir tu *target* y los atributos diferenciales de la marca, que serán la base a partir de la cual se debe construir la estrategia de contenidos.

6.10.2. Entrevista a Ana Flores, *digital manager* de Bumweb

- ¿Qué opinas de la plataforma Instagram para establecer estrategias y acciones de marketing para conectar con tus públicos?

Actualmente es la mejor plataforma para realizar campañas de *social media marketing*.

- ¿Cómo te sientes trabajando con la red social Instagram?

Es muy ágil, cómoda y fácil de entender y utilizar tanto en gestión como en métricas.

- ¿Cuáles son las metas que tienes establecidas con Instagram?

Branding, *awareness*, contenidos de valor y *engagement* con las comunidades.

- ¿Cómo valoras el uso de Instagram como parte de la estrategia de marketing?

Como la plataforma principal de la estrategia.

- ¿Podrías proporcionarme ejemplos de estrategias y acciones que implementas en Instagram para generar *engagement* con tus públicos?

  - Creación de contenidos *ad hoc* para *microtargets*.
  - Concursos y promociones.
  - Directos con la comunidad.
  - *Reels*.
  - Campañas de *ads*.

- ¿Qué acciones y estrategias de marketing y *social media marketing* que utilizas te dan mejores resultados para conectar con tus públicos?

  - Contenidos *ad hoc* en función de un calendario editorial.
  - Concursos y promociones.
  - Campañas de *ads*.

- ¿Qué tipos de acciones ejecutas cada día en Instagram como parte de *social media marketing*?

  Subida de contenidos, creación de *stories*, selección de *hashtags*, búsqueda de usuarios clave, inversión publicitaria.

- ¿Qué problemas te encuentras en tu día a día en la utilización de Instagram?

  Nula visibilidad sin inversión publicitaria.

- ¿Qué es lo que más valoras de la plataforma Instagram?

  Costes de inversión bajos, facilidad de segmentación y cierta libertad de formato.

- Si comparas Instagram con otras redes sociales (como por ejemplo Facebook, TikTok, YouTube, X…), ¿qué valoras especialmente de Instagram?

  La diversidad de *targets*, intereses y segmentación que ofrece la plataforma.

- ¿Crees que Instagram es relevante para el sector del marketing digital?

  Absolutamente.

- ¿Qué opinan tus otros compañeros del departamento de marketing de la red social Instagram?

  Lo mismo.

- ¿Qué te gustaría cambiar de Instagram?

  La captación de *followers* para una cuenta como tienen Facebook o X.

- ¿Cómo ves el futuro de Instagram?

  Consolidándose como plataforma principal.

6.10.3. Entrevista a Marta Gui, *experiential marketing manager* de Wallapop

- ¿Qué opinas de la plataforma Instagram para establecer estrategias y acciones de marketing para conectar con tus públicos?

  Instagram es una red social para conectar con el público desde un modo más aspiracional. Cuando empleamos Instagram, trabajamos para ser inspiración para nuestros seguidores y es donde podemos trabajar el *branded content*. Sin embargo, y como contrapunto del mensaje, ahora mismo Instagram también es una gran herramienta de *performance*, ya que como plataforma están trabajando muy bien el *redirect* gracias a herramientas como enlaces externos y la plataforma IG Shopping. Por tanto, Instagram es capaz de conectar la aspiración con la venta directa, por lo que es una red social perfecta para las marcas.

- ¿Cuáles son las metas que tienes establecidas con Instagram?

  Para nosotros las métricas más importantes de Instagram son:

  - *Engagement rate*: Medimos la afinidad de la comunidad con el contenido.

- *Reach*: El alcance de nuestras publicaciones para impactar al máximo.
- *Social conversations*: Medimos cuánto se habla de nosotros y el SOV respecto a la competencia.

• ¿Cómo valoras el uso de Instagram como parte de la estrategia de marketing?

Dentro de las redes sociales, Instagram forma parte de los canales más importantes cuando queremos trabajar:

- *Organic content* en *always on*: Producción de contenido aspiracional/conectado con catálogo.
- *Digital performance*: Contenido más táctico con objetivo de *performance*.
- *Branded content:* Trabajar los valores de marca.

• ¿Podrías proporcionarme ejemplos de estrategias y acciones que implementas en Instagram para generar *engagement* con tus públicos?

Las publicaciones que mejor funcionan son las de citas, las de sorteo: son las que generan más *engagement*.

Las segundas publicaciones que mejor *engagement* tienen son las que tratan sobre sorteos que hacemos y donde nuestros seguidores participan para poder ganar objetos de segunda mano de *influencers* famosos que vienen a nuestro *podcast*.

• ¿Qué acciones y estrategias de marketing y *social media marke-ting* que utilizas te dan mejores resultados para conectar con tus públicos?

En Wallapop trabajamos en ideas líquidas, es decir, que una campaña viva en cada canal con el mismo mensaje, pero diferente formato adaptado al medio. Así que, por ejemplo, lanzamos una campaña/*challenge* en *social media* para hacer un baile con la canción del *spot* de septiembre 2021, porque así podría vivir el *spot* en TikTok. Participaron 32 personas en el baile y tuvo un alcance total de 203.000 usuarios sobre esta pata específica, con

0 € de inversión. Nos funciona muy bien hacer que las campañas funcionen de manera concreta para cada canal.

- ¿Qué tipos de acciones ejecutas cada día en Instagram como parte de *social media marketing*?

Estrategia de contenido y creación de contenido tanto de estrategia *always on* basada en el territorio de marca, que incluye la sostenibilidad, alargar la vida de los productos, presentarnos como una segunda oportunidad para tus cosas… como de campañas específicas y contenido relacionado con nuestro programa *podcast Lo siguiente*. También acciones con *influencers* y colaboraciones.

- ¿Qué problemas te encuentras en tu día a día en la utilización de Instagram?

El algoritmo de Instagram varía cada vez más y tienes que mantenerte en la cresta de la ola usando todas sus funcionalidades. Si estrena *reels*, tienes que usar *reels* a menudo, usar todos sus *stickers* y herramientas y darle mucha actividad no solo hacia tu cuenta sino también desde ella para conseguir un mejor posicionamiento.

- ¿Qué es lo que más valoras de la plataforma Instagram?

Instagram es una de las redes que más entiende las necesidades de las marcas por su forma de configurar el contenido y por funcionalidades como IG Shop, que es muy interesante para producto. Su lenguaje permite lanzar gran variedad de campañas según los intereses: puedes ir a interactividad en *stories*, pero también apostar muy fuerte por el *branding* con la imagen de *feed* o incluso ir a contenido más largo que X o TikTok gracias a IGTV.

- ¿Crees que Instagram es relevante para el sector del marketing digital?

Instagram es actualmente una de las plataformas más importantes para el marketing digital tanto para el contenido *branded* como para el contenido de *performance* y eso se debe a la gran afluencia de tráfico diario que tiene.

- ¿Qué opinan tus otros compañeros del departamento de marketing de la red social Instagram?

Están bastante alineados con lo dicho anteriormente; también lo ven como una oportunidad.

- ¿Qué te gustaría cambiar de Instagram?

El contenido orgánico no tiene visibilidad sin hacerle promoción; creo que el algoritmo de Instagram tiene que evolucionar para trabajar más el *discover* y promocionar otro contenido más allá del contenido que sigues habitualmente.

La calidad del contenido de *reels* es muy baja y creo que se podría mejorar la curaduría de este para que se pueda mantener el nivel de aspiracionalidad que tiene la plataforma *per se*.

- ¿Cómo ves el futuro de Instagram?

Creo que la tendencia de plataforma se va a convertir en una plataforma de *discover* enfocado puramente a compra y promocionar más el *live shopping*. Esto va a reducir la calidad del contenido en cierto sentido, pero será una herramienta más útil para marcas.

Capítulo 7

Mejores prácticas de contenido y modelos organizativos

7.1. Introducción

El contenido es la clave para mantener a tu audiencia interesada y comprometida. En este capítulo veremos cuáles son las mejores prácticas para crear contenido atractivo y cómo adaptarlo a cada red social. También aprenderás sobre diferentes formas de organizar el equipo de *social media* para gestionar todas estas tareas de la mejor manera posible, garantizando que todo funcione de manera coordinada y eficiente.

7.2. Introducción a las mejores prácticas de contenido en *social media*

El contenido es el corazón de cualquier estrategia de *social media*. Crear contenido relevante, atractivo y alineado con los intereses de la audiencia es crucial para captar la atención, generar *engagement* y, finalmente, convertir seguidores en clientes leales. Este capítulo explora las mejores prácticas para desarrollar contenido en *social media* que genere resultados efectivos, así como los modelos organizativos que ayudan a estructurar y optimizar el trabajo del equipo de *social media*.

7.3. Mejores prácticas para la creación de contenido

7.3.1. Contenido de valor y relevancia

El contenido debe estar diseñado para aportar valor a la audiencia. Esto implica que no solo debe ser entretenido, sino también educativo, informativo o inspirador. El contenido que resuena con la audiencia puede variar según la plataforma, pero siempre debe alinearse con los intereses y las necesidades del público objetivo.

- Contenido educativo: Publicaciones que proporcionan información valiosa o que resuelven problemas específicos de la audiencia. Algunos ejemplos son tutoriales, guías paso a paso y artículos de «cómo hacer».

Figura 7.1. *Reel* educativo en la página de Instagram de Pastas Gallo

Fuente: Instagram de Pastas Gallo (@pastasgallo).

- Contenido inspirador: Imágenes, citas o historias que inspiran a la audiencia a actuar, reflexionar o comprometerse emocionalmente.

- Contenido de entretenimiento: Vídeos, memes y desafíos que entretienen y mantienen el interés de la audiencia. Este tipo de contenido es particularmente efectivo en plataformas como TikTok e Instagram.

Figura 7.2. *Post* educativo en la página de Instagram de Pastas Gallo

Fuente: Instagram de Pastas Gallo (@pastasgallo).

Figura 7.3. *Reel* inspirador en la página de Instagram de Estrella Damm

Fuente: Instagram de Estrella Damm (@estrelladamm).

Figura 7.4. *Post* inspirador en la página de Instagram de Estrella Damm

Fuente: Instagram de Estrella Damm (@estrelladamm).

Figura 7.5. *Post* de entretenimiento en la página de Instagram de Hawkers

Fuente: Instagram de Hawkers (@hawkersco).

7.3.2. Creación de contenido consistente

La consistencia es clave para mantener la relevancia y la presencia en *social media*. Las marcas deben mantener una frecuencia regular de publicaciones que estén alineadas con un calendario de contenido planificado.

Figura 7.6. Ejemplo de calendario de redes sociales en la página de Hootsuite

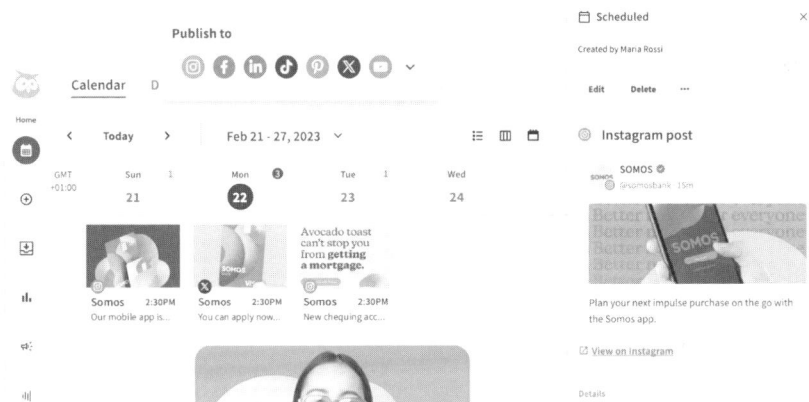

Fuente: Hootsuite.com.

- Calendario de contenidos: Un calendario bien estructurado ayuda a planificar el contenido con antelación, asegurando una mezcla equilibrada de publicaciones educativas, promocionales y de entretenimiento.

- Frecuencia de publicación: La frecuencia ideal puede variar según la plataforma y la audiencia, pero la clave es encontrar un equilibrio que mantenga a la audiencia interesada sin saturarla.

7.3.3. Utilización de contenido generado por el usuario (UGC)

El contenido generado por el usuario (UGC) es una forma poderosa de aumentar la autenticidad y el *engagement*. El UGC incluye cualquier contenido creado por los usuarios, como fotos, vídeos, reseñas y testimonios.

- Estrategia de UGC: Animar a los usuarios a compartir sus experiencias con la marca utilizando *hashtags* específicos o participando en desafíos. Este tipo de contenido no solo promueve la marca de manera auténtica, sino que también construye una comunidad en torno a ella.

- Ejemplo de UGC: Marcas como GoPro y Starbucks han utilizado eficazmente UGC para fomentar la participación de los seguidores y mostrar cómo sus productos pueden integrarse en la vida diaria de los consumidores.

Figura 7.7. Ejemplo de UGC en Instagram en la página de Starbucks España

Fuente: Instagram de Starbucks España (@starbucks_es).

Figura 7.8. Ejemplo de UGC en Instagram en la página de Gopro

Fuente: Instagram de Gopro (@gopro).

Figura 7.9. Ejemplo de UGC en Instagram en la página de Gopro

Fuente: Instagram de Gopro (@gopro).

7.3.4. Integración de vídeo y contenido visual

El contenido visual y de vídeo sigue siendo uno de los formatos más efectivos en *social media*. Los vídeos tienen la capacidad de captar la atención de manera más eficaz que el texto o las imágenes estáticas. Tipos de contenido visual:

- Vídeos cortos (*reels*, TikToks): Ideales para atraer rápidamente la atención y fomentar la viralidad.

- Historias (*stories*): Contenido efímero que aumenta la interacción diaria y permite a las marcas estar en la mente del consumidor.

- Infografías: Proporcionan información compleja de manera visualmente atractiva y fácil de entender.

7.3.5. Optimización de contenido para SEO y plataformas

El contenido debe ser optimizado tanto para motores de búsqueda (SEO) como para las plataformas específicas de *social media* para maximizar su visibilidad y efectividad:

- SEO en *social media*: Utilización de palabras clave relevantes, *hashtags* específicos y etiquetas *alt* en imágenes para mejorar la visibilidad.

- Optimización por plataforma: Adaptar el formato, la longitud y el estilo del contenido según las características y la audiencia de cada plataforma (por ejemplo, vídeos más cortos y dinámicos para TikTok, publicaciones de larga duración para LinkedIn).

7.4. Herramientas y técnicas para la creación y gestión de contenidos

Existen diversas herramientas y técnicas que facilitan la creación y gestión de contenidos en *social media*, permitiendo que los equipos de marketing trabajen de manera más eficiente y efectiva.

- Herramientas de creación de contenidos:
  - Canva y Adobe Creative Suite: Herramientas para diseñar gráficos e imágenes atractivas.

- – Lumen5 y Animoto: Plataformas que facilitan la creación de vídeos atractivos con mínima experiencia en edición.

- Herramientas de gestión de contenidos:

- – Hootsuite, Buffer y Sprout Social: Herramientas para programar publicaciones, monitorear interacciones y analizar métricas de rendimiento.

- – Google Analytics y Facebook Insights: Para medir el tráfico, el comportamiento del usuario y la efectividad de las campañas de *social media*.

7.5. Modelos organizativos para la gestión de *social media*

La gestión eficaz de las estrategias de *social media* depende en gran medida de la estructura organizativa adoptada por la empresa. Los diferentes modelos organizativos permiten a las marcas gestionar sus esfuerzos de *social media* de manera coherente y optimizada dependiendo de sus necesidades y recursos.

7.5.1. Modelo centralizado

En un modelo centralizado, todo el equipo de *social media* se encuentra bajo un solo departamento, generalmente marketing o comunicación. Este modelo es ideal para pequeñas y medianas empresas donde la coherencia en la comunicación es crucial.

- Ventajas:

- – Control total sobre la estrategia y los mensajes.

- – Fácil de coordinar y mantener coherencia en la comunicación de la marca.

- Desventajas:

- – Puede ser menos flexible y más lento para reaccionar ante oportunidades o crisis locales.

7.5.2. Modelo descentralizado

En el modelo descentralizado, cada departamento o unidad de negocio tiene su propio equipo de *social media*. Este modelo es común en grandes corporaciones con múltiples líneas de productos o servicios.

- Ventajas:
  - Permite respuestas rápidas a nivel local y adaptabilidad a diferentes mercados.
  - Mayor flexibilidad para crear contenido relevante y específico.
- Desventajas:
  - Puede llevar a una falta de coherencia en la comunicación de la marca.
  - Riesgo de duplicación de esfuerzos y mensajes conflictivos.

7.5.3. Modelo de centro de excelencia (CoE)

Un centro de excelencia (CoE) es un equipo centralizado de expertos en *social media* que establece las políticas, los procesos y las directrices de la marca. Este equipo se encarga de formar y guiar a los equipos locales o específicos de cada unidad de negocio.

- Ventajas:
  - Proporciona coherencia estratégica y asegura mejores prácticas en toda la organización.
  - Ofrece formación y apoyo especializado a los equipos locales.
- Desventajas:
  - Requiere una inversión significativa en recursos y puede ser complejo de gestionar.

7.5.4. Modelo híbrido

El modelo híbrido combina elementos de los modelos centralizado y descentralizado, permitiendo una flexibilidad estratégica con una coherencia general. Los equipos locales tienen autonomía, pero siguen directrices establecidas por un equipo central.

- Ventajas: Combina las ventajas del control centralizado con la flexibilidad del enfoque descentralizado.

- Desventajas: Requiere una comunicación clara y constante entre los equipos centralizados y locales.

7.6. Casos prácticos de modelos organizativos en *social media*

7.6.1. Caso de estudio: modelo centralizado de Coca-Cola

Coca-Cola utiliza un modelo centralizado para gestionar sus estrategias de *social media*. Un equipo global establece la estrategia central, mientras que los equipos locales la implementan, asegurando coherencia en la comunicación y adaptación a los mercados locales.

- Estrategia: Desarrollar campañas globales que puedan ser adaptadas localmente.

- Resultados: Mayor coherencia en la comunicación de marca a nivel global, con la flexibilidad de personalizar mensajes a nivel local.

7.6.2. Caso de estudio: modelo descentralizado de Unilever

Unilever opera en múltiples mercados con diferentes líneas de productos, lo que requiere un modelo descentralizado. Cada marca tiene su propio equipo de *social media* que desarrolla estrategias específicas.

- Estrategia: Permitir a las marcas tener autonomía para crear contenido que resuene mejor con sus audiencias locales.

- Resultados: Mayor relevancia y *engagement* a nivel local, aunque con desafíos para mantener una identidad de marca coherente.

7.7. Entrevistas

7.7.1. Entrevista a Milo Gulias, CEO Yuplace & Co.

- ¿Qué opinas de la plataforma Instagram para establecer estrategias y acciones de marketing para conectar con tus públicos?

  Instagram está funcionando muy bien en la actualidad para tomar acciones de marketing e implementar estrategias, entre otras cosas porque es una de las redes sociales actuales con mayor afluencia y actividad.

  Creo también que está perdiendo su esencia precisamente por las acciones intensivas de publicidad PPC, ya que se trataba originalmente de una red más enfocada a lo creativo; ahora está siendo cada vez más comercial y a veces ya incluso resulta abusiva y esto puedo provocar a corto y medio plazo un efecto negativo en la propia red social, que puede perder su esencia y por tanto su público.

  También es cierto que más allá de la publicidad, generar *posts* y *stories* creativos con diseños originales que combinan la imagen y contenido de valor, así como diseños corporativos de *feed*, etc., la convierten en una herramienta muy potente para comunicar el mensaje de una empresa y llegar al *target*.

- ¿Cómo te sientes trabajando con la red social Instagram?

  En la actualidad valoramos mucho esta red; de hecho, es en la que más trabajamos, y nos resulta muy práctica y efectiva. Además, la parte gráfica te obliga a ser creativo, lo que en sí mismo te motiva para aportar más valor y ser más original, y esto sin duda es muy positivo. Ahora sí, otra cosa es el *target*, pues es una red muy específica tanto por el tipo de contenidos o productos, como por el público al que nos dirigimos.

- ¿Cuáles son las metas que tienes establecidas con Instagram?

En todas las campañas nos marcamos metas distintas y hacemos mucho test A/B para ver hacia dónde tenemos que ir y qué publico atacar. Pero en la gestión diaria de las cuentas de Instagram siempre marcamos un enfoque muy dirigido al *branding*; queremos transmitir los valores de la marca y la identidad corporativa de forma clara y original: el objetivo es dar un mensaje conciso con una identidad que aporte valor y destaque por su creatividad diferenciándonos de los competidores.

- ¿Cómo valoras el uso de Instagram como parte de la estrategia de marketing?

Evidentemente es un canal que tienes que tener en cuenta siempre en la estrategia de marketing, porque aquí tiene presencia el *target* y además porque es un canal perfecto para comunicar el mensaje de forma original y creativa.

- ¿Podrías proporcionarme ejemplos de estrategias y acciones que implementas en Instagram para generar *engagement* con tus públicos?

Nosotros solemos llamar la atención del *target* primero aportando valor y contexto a sus puntos problemáticos y después buscando su participación por medio de preguntas o sugerencias que les llamen la atención y los inviten, aunque sea de forma inconsciente, a participar, ya que les generamos curiosidad y simpatía.

- ¿Qué acciones y estrategias de marketing y *social media marketing* que utilizas te dan mejores resultados para conectar con tus públicos?

Normalmente me generan mejores resultados las que están basadas en estrategias *inbound*, donde sin pedir nada a cambio vamos aportando valor con contenidos de calidad y dando soluciones a los puntos conflictivos o problemas que tiene nuestro *target*.

- ¿Qué tipos de acciones ejecutas cada día en Instagram como parte de *social media marketing*?

  Dependiendo la cuenta en cuestión, lo habitual es una publicación diaria y un *story*, evidentemente las publicaciones tienen distintos formatos; así a veces hacemos carruseles y otras un simple *post* que forma parte de un *collage* o diseño de *feed* concreto.

  También es cierto que lo basamos todo en un calendario editorial que marca eventos concretos que alteran este plan normal; así que es habitual que lancemos acciones concretas por festividades, días de importancia o celebración del negocio en sí o incluso momentos que de iniciativa propia valoramos destacar.

- ¿Qué problemas te encuentras en tu día a día en la utilización de Instagram?

  Bueno, cada vez cuesta más llamar la atención del *target* y cada vez somos más haciendo cosas innovadoras e interesantes.

- ¿Qué es lo que más valoras de la plataforma Instagram?

  Cómo he dicho con anterioridad, la exigencia creativa y la originalidad, así como la amplitud de su público y lo activo que es.

- Si comparas Instagram con otras redes sociales (como por ejemplo Facebook, TikTok, YouTube, X…), ¿qué valoras especialmente de Instagram?

  Pues, con respecto a Facebook, me parece más original y te da más recursos para implementar cosas más creativas además de que tiene un público más *fresh* y atractivo.

  TikTok la veo como la gran amenaza y evolución del hemisferio Instagram; creo que las dos se complementan y que a TikTok le falta crear una imagen un poco más profesional para que adapte más públicos, pero es la gran alternativa y de hecho Instagram ha empezado a poner en práctica recursos para competir con ellos como los *reels*, por ejemplo.

Es verdad que la sucesora aún está en el laboratorio, pero creo que TikTok es una amenaza real y me parece muy dinámica y alternativa.

YouTube no lo compararía con Instagram; puede ser un complemento de una estrategia de *social*, pero nunca la sustituye, igual que X, por ejemplo, que es otro mundo.

- ¿Crees que Instagram es relevante para el sector del marketing digital?

Evidentemente, todo es relevante en marketing digital, y todo depende del producto o servicio que ofrezcas y al *target* al que te diriges. No se puede descuidar nada ni descartar ningún canal; todo vale en una estrategia de marketing si quieres impactar y llegar al máximo número de usuarios.

- ¿Qué opinan tus otros compañeros del departamento de marketing de la red social Instagram?

Estamos bastante alineados en este sentido…

- ¿Qué te gustaría cambiar de Instagram?

Pues Instagram es una de las redes sociales que veo con más identidad y donde todo encaja perfectamente; sus recursos y acciones disponibles están muy bien pensadas y convierten el canal en una herramienta perfecta y con muchas posibilidades.

- ¿Cómo ves el futuro de Instagram?

Como decía, veo una clara amenaza de TikTok y por supuesto creo que la red social del futuro está en el laboratorio, considero que será una mezcla de todas con algo alternativo que marque la diferencia. En todo caso, creo que a Instagram aún le queda tiempo por delante liderando muchas métricas y sobre todo que seguirá innovando e implementando nuevos recursos para competir y para seguir dando herramientas a sus usuarios.

7.7.2. Entrevista a Cristina Gispert, *senior manager* de la división lifestyle, fashion & beauty New Link Barcelona

* ¿Qué opinas de la plataforma Instagram para establecer estrategias y acciones de marketing para conectar con tus públicos?

  Es una buena herramienta de trabajo para dar a conocer un producto, siempre y cuando se utilice de manera correcta.

* ¿Cómo te sientes trabajando con la red social Instagram?

  En el ámbito profesional me siento muy cómoda; lo utilizo diariamente con y para las cuentas con las que trabajamos. En lo personal, me gusta compartir otro tipo de contenidos.

* ¿Cuáles son las metas que tienes establecidas con Instagram?

  Dependiendo de para qué marca esté trabajando, se elaboran diferentes contenidos; las metas principales que intentamos conseguir son: contenido de calidad, buena repercusión, *engagement* elevado, un alto número de comentarios y llegar al mayor número de personas.

* ¿Cómo valoras el uso de Instagram como parte de la estrategia de marketing?

  Es otra de las herramientas de trabajo que utilizamos en el día a día en las agencias de comunicación y relaciones públicas.

* ¿Podrías proporcionarme ejemplos de estrategias y acciones que implementas en Instagram para generar *engagement* con tus públicos?

  Concurso Deichmann Navidad con diferentes perfiles de creadoras de contenidos de diferentes perfiles (Mónica Sors «mamá» & Mar Lucas «juvenil»). Es una campaña enfocada a la visualización de producto en redes sociales para conseguir seguidores en la cuenta propia de la marca e incentivar la visita en tienda, ya que los ganadores del concurso deben ir a la tienda a recoger su premio.

- ¿Qué acciones y estrategias de marketing y *social media marketing* que utilizas te dan mejores resultados para conectar con tus públicos?

  Los concursos en IG funcionan muy bien. En cuanto a visibilidad, tengo que decirte que TikTok supera ampliamente a IG en este momento y ya estamos trabajando con TikTok durante este último año.

- ¿Qué tipos de acciones ejecutas cada día en Instagram como parte de *social media marketing*?

  Hacemos de todo: desde la propuesta de perfiles de creadores de contenidos hasta la creación propia del contenido. Creo que el éxito de una campaña reside en que el contenido sea lo más orgánico posible.

- ¿Qué problemas te encuentras en tu día a día en la utilización de Instagram?

  No hay problemas normalmente por parte de la plataforma; ocasionalmente ha dejado de funcionar, pero lo hemos solventado perfectamente retrasando la publicación. Los creadores de contenidos sí que se quejan continuamente del algoritmo de la plataforma, o es posible que pueda ser una excusa a veces porque no han llegado a la previsión esperada de resultados.

- ¿Qué es lo que más valoras de la plataforma Instagram?

  Que es muy fácil de utilizar; aun con los cambios que va incorporando, es muy fácil trabajar, colgar fotos, ver *stories*, etc.

- Si comparas Instagram con otras redes sociales (como por ejemplo Facebook, TikTok, YouTube, X…), ¿qué valoras especialmente de Instagram?

  Su accesibilidad.

- ¿Crees que Instagram es relevante para el sector de la moda?

Un sí rotundo, Instagram es muy relevante e importante; al ser tan visual, tienes acceso rápidamente a las últimas novedades incluso antes de que estén en la web de la marca.

- ¿Qué opinan tus otros compañeros del departamento de marketing de la red social Instagram?

Lo mismo que yo, que es una herramienta de trabajo, como puede ser el ordenador, un boli o pluma o un teléfono.

- ¿Qué te gustaría cambiar de Instagram?

Lo que me gustaría cambiar de Instagram es que deben ampliar las cuentas para seguir, pues cuando llegas a las 7.500 no puedes seguir más (parecen muchas, pero en esta profesión te aseguro que no te das cuenta de la cantidad de perfiles que debemos seguir para estar al día de sus publicaciones y noticias).

- ¿Cómo ves el futuro de Instagram?

No veo que en un futuro Instagram cierre o quede desfasada como le ha pasado a Facebook; pero debe ponerse las pilas porque TikTok tiene mucho más contenido (lo único es que hay de todo: bueno, malo y muy malo).

- Para finalizar, ¿hay algo más que te gustaría aportar desde tu experiencia como profesional sobre el uso de la plataforma Instagram en las acciones y estrategias de marketing y *social media marketing* para generar *engagement* con los usuarios?

Las redes sociales las hemos de utilizar en su justa medida; es como el fumar o el beber, todos los excesos son malos.

7.7.3. Entrevista a Arian Bel, *cofounder* & CEO de Limón y Menta

- ¿Qué opinas de la plataforma Instagram para establecer estrategias y acciones de marketing para conectar con tus públicos?

Siempre que los públicos sean los adecuados para esta RR. SS., opino que es una buena plataforma, pero cada vez más ardua.

La estrategia que se puede implementar en esta plataforma debe seguir una estrategia mayor y ser un complemento más que la estrategia central de la marca, ya que sus resultados son cada vez menos claros y la inversión en tiempo y dinero es elevada para conseguirlos.

- ¿Cómo te sientes trabajando con la red social Instagram?

  Actualmente cada vez nos sentimos menos motivados, debido al esfuerzo vs. el beneficio que a nuestra marca le proporciona. Además, cada vez reclama más esfuerzo y dedicación, debido a la cantidad de opciones que ofrece la plataforma.

- ¿Cuáles son las metas que tienes establecidas con Instagram?

  Los objetivos que este año tenemos con esta red social se basan en secundar acciones paralelas como *podcasts* o eventos. Tenemos la intención de humanizarla más con nuestra presencia como miembros de la marca y con ello aumentar los seguidores para una parte específica del servicio que ofrecemos.

- ¿Cómo valoras el uso de Instagram como parte de la estrategia de marketing?

  Es una acción secundaria, ya que para nosotros el uso de RR. SS. sirve para comunicar nuestra personalidad de marca y dar voz a algunas de nuestras acciones de comunicación como los *podcasts* o nuestra ventaja competitiva.

- ¿Podrías proporcionarme ejemplos de estrategias y acciones que implementas en Instagram para generar *engagement* con tus públicos?

  Para generar *engagement* con nuestros seguidores, utilizamos CTA en *stories*, que al ser efímeros nos ayudan a generar urgencia. Ahora mismo estamos introduciendo una estrategia de memes que nos está funcionando para generar reacciones.

- ¿Qué acciones y estrategias de marketing y *social media marketing* que utilizas te dan mejores resultados para conectar con tus públicos?

Nos funciona muy bien la formación, las charlas, las RR. PP., asistir a eventos, generar alianzas con otros profesionales y nuestro *podcast*. Las RR. SS. no son un pilar fundamental. LinkedIn nos ayuda a generar sinergias con profesionales.

- ¿Qué tipos de acciones ejecutas cada día en Instagram como parte de *social media marketing*?

    La comunicación de acciones o consejos de la marca para nuestro público en el *feed* (acciones semanales) y *stories*. Hemos intentado empezar con la fórmula del *reel* pero nos lleva demasiado tiempo y recursos internos con ningún resultado significativo.

- ¿Qué problemas te encuentras en tu día a día en la utilización de Instagram?

    La persona encargada de esta red social demanda muchas necesidades nuestras que realmente no podemos cubrir por tiempo. Si aportase beneficios mayores que otras acciones que sí los dan y de forma clara, seguramente nos esforzaríamos más en darle el tiempo que merece.

- ¿Qué es lo que más valoras de la plataforma Instagram?

    El *engagement* que se genera con las *stories* y la facilidad de personalizar y utilizar la red social. La creatividad que permite.

- Si comparas Instagram con otras redes sociales (como por ejemplo Facebook, TikTok, YouTube, X…), ¿qué valoras especialmente de Instagram?

    Para nuestra marca, el sistema de *stories* y el *feed* como un espacio para hacer crecer nuestra imagen. Por otro lado, las opciones que Instagram proporciona para incorporar el linktr.ee en el perfil.

- ¿Crees que Instagram es relevante para el sector del marketing digital?

Sí. Para muchas marcas es una red social muy interesante y que permite mucha creatividad. Todo depende de a quién te diriges y de si conoces bien cómo acercarte a ellos desde este canal.

- ¿Qué opinan tus otros compañeros del departamento de marketing de la red social Instagram?

Mi opinión es compartida por la gerencia. La responsable de esta red social sigue empujando por hacer crecer esta red como una opción para llegar a un público mucho más centrado, resultado de un nuevo servicio que en breve saldrá al mercado.

- ¿Qué te gustaría cambiar de Instagram?

El sistema de algoritmos. Creo que está dificultando mucho la utilización y los posibles resultados de la plataforma.

- ¿Cómo ves el futuro de Instagram?

Siento que cada vez va a ser más complicada por esa política de copiar aquellas herramientas que funcionan en otras RR. SS. Eso hace que sea más complicada de utilizar y el sistema «navaja suiza» acabe siendo un problema para el usuario general.

- Para finalizar, ¿hay algo más que te gustaría aportar desde tu experiencia como profesional sobre el uso de la plataforma Instagram en las acciones y estrategias de *marketing* y *social media marketing* para generar *engagement* con los usuarios?

Como resumen, concluyo que Instagram es una red social útil si se utiliza con estrategia, pero muy complicada como única acción para las marcas; por mi experiencia y la de mis clientes, Instagram es un complemento que debe tomarse en serio, y eso lleva a que sea un canal para invertir que ayuda a la imagen global de la marca, pero, normalmente, no aporta resultados a corto plazo. A nuestros clientes les recomendamos siempre que si quieren entrar en esta red social deben invertir y tomársela tan en serio como sea necesario, pero no es recomendable en los casos en los que se subestima el tiempo y el dinero necesario que la empresa va a tener que invertir en las acciones que se lleven a cabo.

Capítulo 8

Estrategia con *influencers* y gestión de crisis

8.1. Introducción

En este capítulo, hablaremos sobre el marketing con *influencers*, un enfoque cada vez más popular para llegar a nuevas audiencias. Veremos cómo elegir a los *influencers* correctos y cómo gestionar estas colaboraciones. Además, aprenderás a manejar crisis en redes sociales, como cuando surge una situación negativa o un problema de reputación, y cómo actuar rápidamente para proteger la imagen de la marca.

8.2. Introducción a la estrategia con *influencers*

El marketing de *influencers* se ha convertido en una parte integral de las estrategias de *social media* para muchas marcas. Utilizar *influencers* permite a las empresas aprovechar la credibilidad, la audiencia y el alcance de personas que ya tienen un seguimiento comprometido. Este capítulo explora cómo las marcas pueden desarrollar estrategias efectivas con *influencers*, seleccionar los tipos de *influencers* adecuados y gestionar estas relaciones para maximizar el impacto.

8.3. Tipos de *influencers* y su selección

Los *influencers* se clasifican en diferentes categorías según su alcance, *engagement* y tipo de contenido que crean. La selección del tipo de *influencer* correcto es crucial para el éxito de la campaña.

8.3.1. Clasificación de *influencers* por alcance

1. *Nanoinfluencers* (de 1.000 a 10.000 seguidores):

   • Tienen audiencias pequeñas, pero altamente comprometidas. Son ideales para campañas de nicho y para construir una comunidad leal.

   • Ventajas: Alta tasa de *engagement* y mayor credibilidad entre seguidores cercanos.

   • Desventajas: Alcance limitado.

Figura 8.1. Ejemplo de perfil de Instagram *nanoinfluencer* Marcossapere

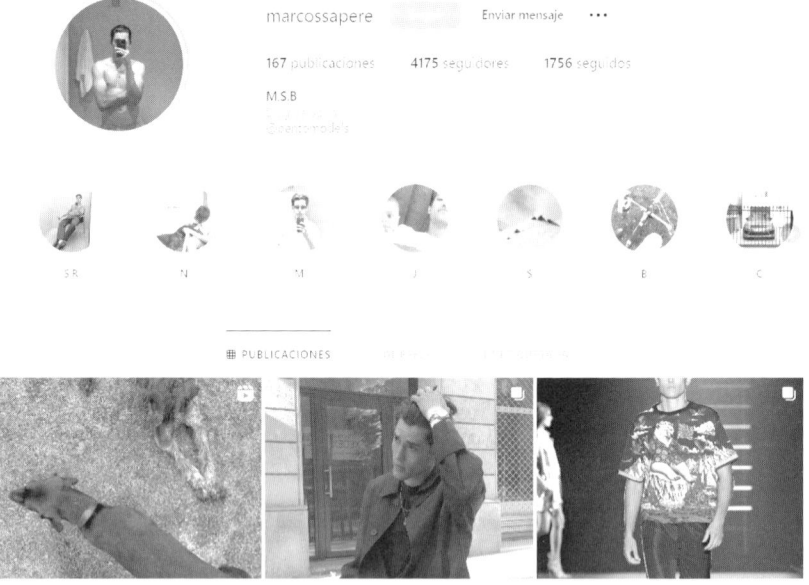

Fuente: Instagram (@marcossapere).

2. *Microinfluencers* (de 10.000 a 100.000 seguidores):

   • Alcance más amplio que los *nanoinfluencers*, pero aún mantienen una relación cercana con su audiencia.

- Ventajas: Buen equilibrio entre alcance y *engagement*. Coste efectivo para campañas de *awareness* y conversión.

- Desventajas: Pueden requerir más coordinación si se trabaja con varios *microinfluencers*.

Figura 8.2. Ejemplo de perfil de Instagram *microinfluencer* Lacorraladegumiel

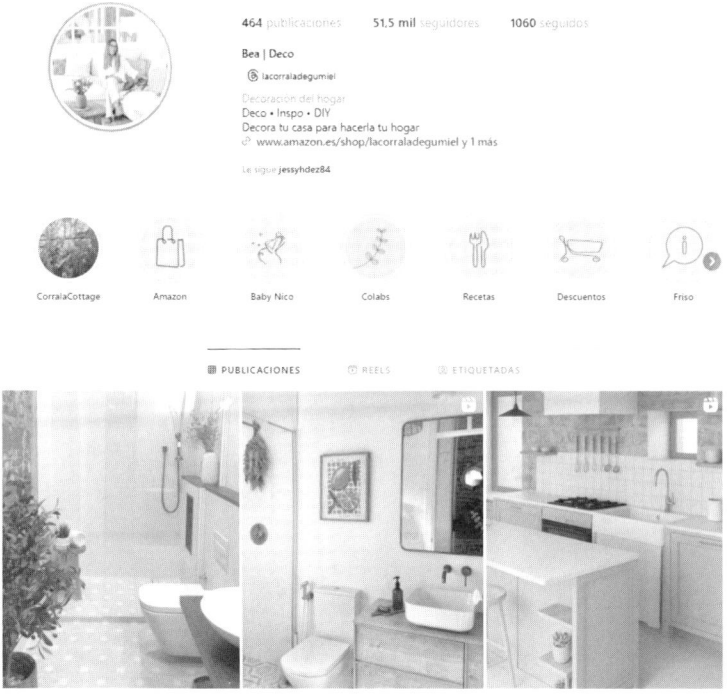

Fuente: Instagram (@lacorraladegumiel).

3. *Macroinfluencers* (de 100.000 a un millón de seguidores, ver Figura 8.3):

- Alcance considerable, ideales para campañas de *branding* masivas.

- Ventajas: Alta visibilidad y capacidad para llegar a audiencias más grandes.

- Desventajas: *Engagement* generalmente menor que el de los *microinfluencers*.

Figura 8.3. Ejemplo de perfil de Instagram de la *macroinfluencer* Jmuchelas

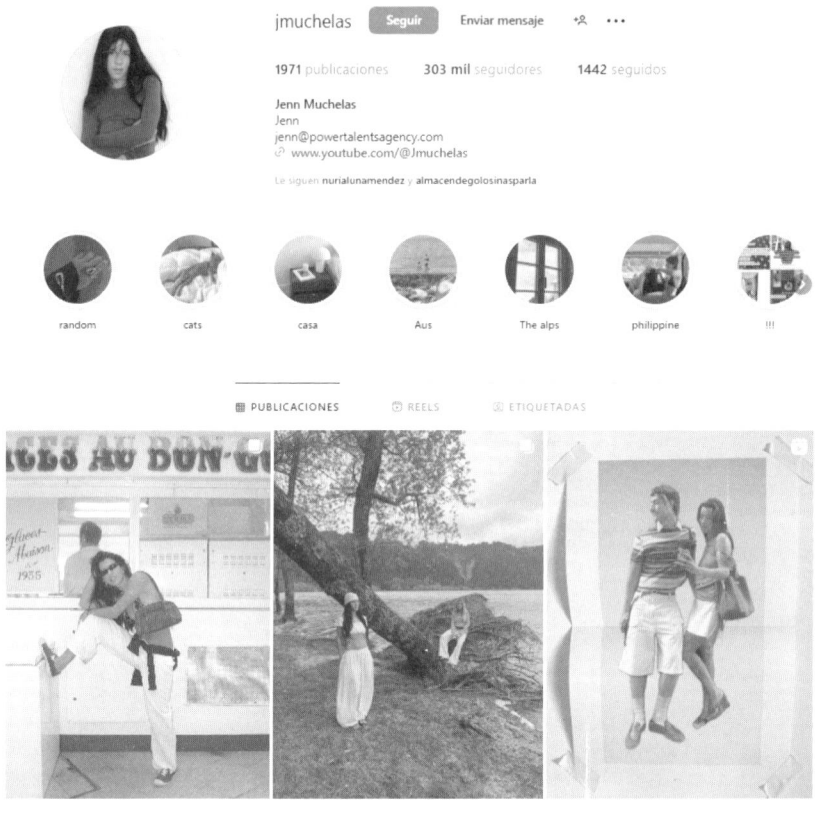

Fuente: Instagram (@jmuchelas).

4. *Megainfluencers* (> un millón de seguidores, ver Figura 8.4):

- Celebridades o personas influyentes con un gran alcance, pero con un *engagement* más bajo.

- Ventajas: Impacto masivo y reconocimiento de marca.

- Desventajas: Alto coste y menor autenticidad percibida.

8.3.2. Selección de *influencers* adecuados

Seleccionar al *influencer* adecuado implica más que simplemente elegir a alguien con muchos seguidores. Deben considerarse varios factores:

- Relevancia para la marca: ¿El *influencer* comparte los valores y la estética de la marca?

Figura 8.4. Ejemplo de perfil de Instagram *megainfluencer* Georgina Rodríguez

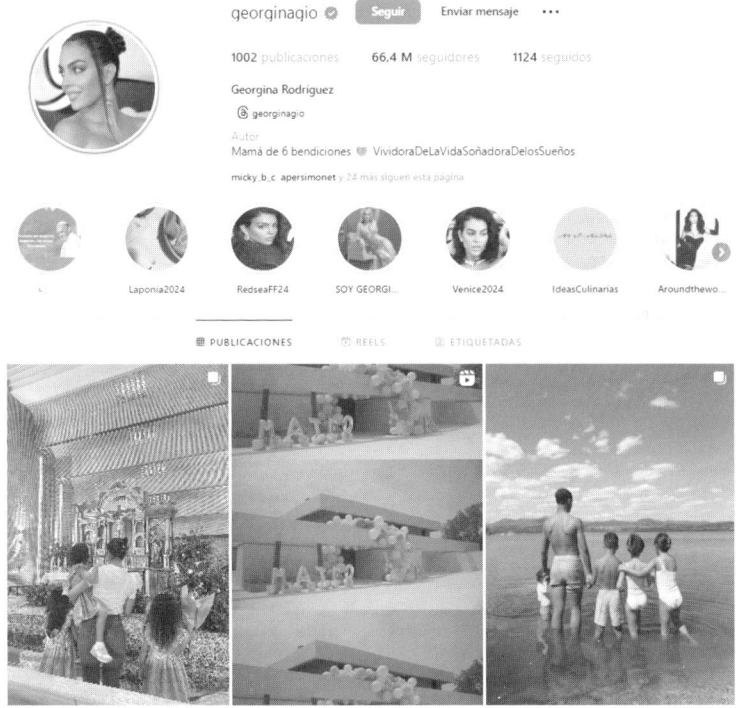

Fuente: Instagram (@georginagio).

- *Engagement* y tipo de audiencia: ¿Es el tipo de audiencia del *influencer* similar al público objetivo de la marca?
- Historial de colaboraciones: Evaluar el éxito de colaboraciones previas del *influencer* con otras marcas.

8.3.3. Ejemplo de colaboración de *influencers*: campaña de Gymshark

Gymshark, una marca de ropa de *fitness*, ha colaborado eficazmente con *micro* y *macroinfluencers* del mundo del *fitness* para promocionar sus productos.

- Estrategia:

  - Selección de *influencers* alineados con los valores de la marca.

  - Uso de contenido generado por *influencers* para aumentar la autenticidad y el *engagement*.

- Resultados: Incremento significativo en ventas y en el *engagement* de la comunidad.

- Lecciones aprendidas: La autenticidad y la alineación de valores entre la marca y el *influencer* son claves para el éxito de la colaboración.

Figura 8.5. Ejemplo de colaboración de *influencers* con Gymshark en Instagram

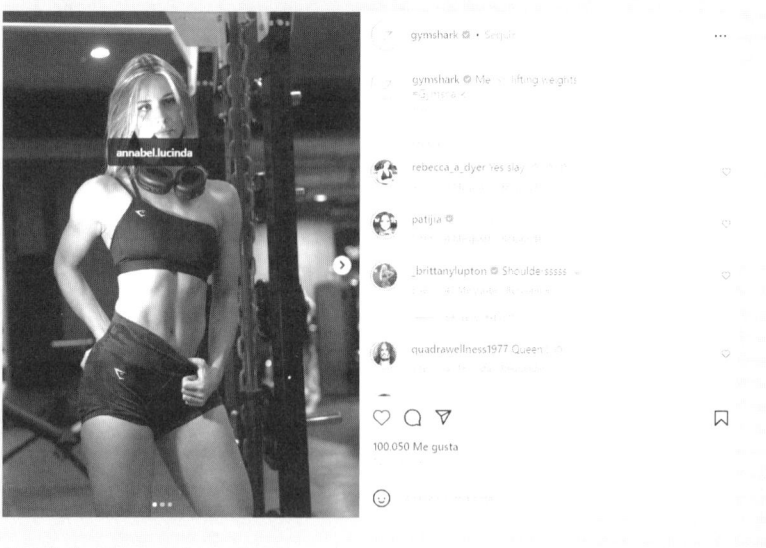

Fuente: Instagram (@gymshark).

Figura 8.6. Ejemplo de colaboración de *influencers* con Gymshark en Instagram.

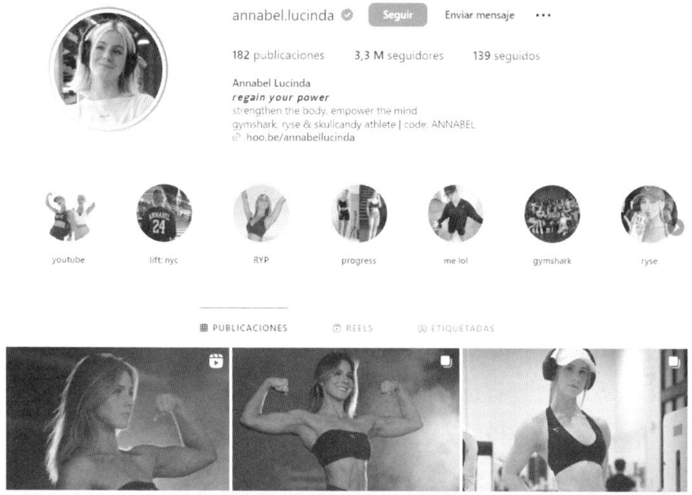

Fuente: Instagram (@anabel_lucinda).

Figura 8.7. Ejemplo de colaboración de *influencers* con Gymshark Women en Instagram

Fuente: Instagram (@gymsharkwomen).

8.4. Estrategias de marketing de *influencers*

Una estrategia efectiva de marketing de *influencers* debe estar alineada con los objetivos generales de la marca. Los pasos clave para desarrollar una estrategia de marketing de *influencers* son:

1. Definición de objetivos claros: Determinar si la campaña con *influencers* se centrará en el *awareness*, el *engagement*, la conversión o la fidelización del cliente.

2. Selección de *influencers* adecuados: Utilizar criterios como relevancia, *engagement* y autenticidad para elegir a los *influencers* más adecuados.

3. Desarrollo de *briefing* claro y contratos definidos: Especificar los objetivos de la campaña, los requisitos de contenido, las fechas de publicación y los términos de pago.

4. Medición de resultados: Utilizar herramientas de análisis de *influencers* como Upfluence, Traackr y HypeAuditor para medir el impacto de la campaña y el ROI.

8.4.1. Caso de estudio: estrategia de *influencers* de Fenty Beauty

Fenty Beauty, marca de belleza fundada por Rihanna, ha utilizado de manera efectiva una estrategia de marketing de influencers que se centra en la diversidad y la inclusión.

- Estrategia:

  – Colaboración con influencers de diferentes orígenes, tonos de piel y tipos de cuerpo para promover una imagen inclusiva de la marca.

  – Uso de contenido auténtico que celebraba la diversidad.

- Resultados: Fenty Beauty se convirtió en un referente en la industria de la belleza, y destaca por su enfoque inclusivo y auténtico.

- Lecciones aprendidas: La inclusión y autenticidad son factores clave para conectar con audiencias diversas y construir una marca fuerte.

Figura 8.8. Estrategia de *influencers* de Fenty Beauty en Instagram

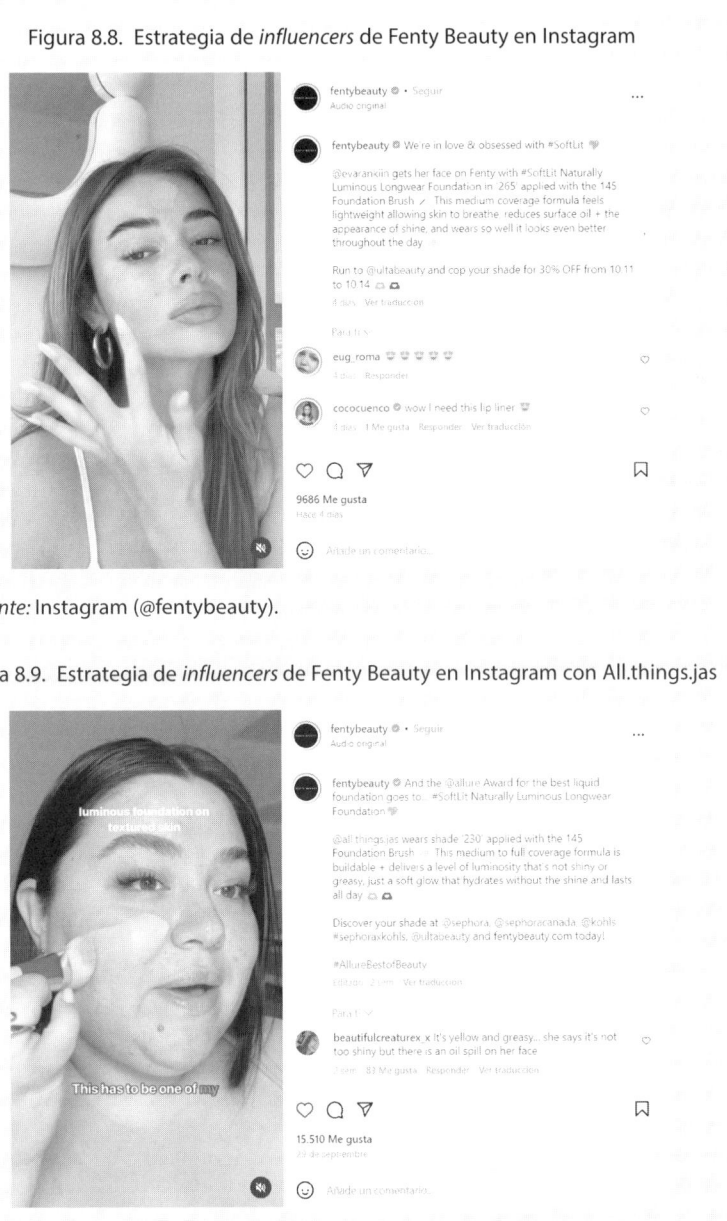

Fuente: Instagram (@fentybeauty).

Figura 8.9. Estrategia de *influencers* de Fenty Beauty en Instagram con All.things.jas

Fuente: Instagram (@fentybeauty).

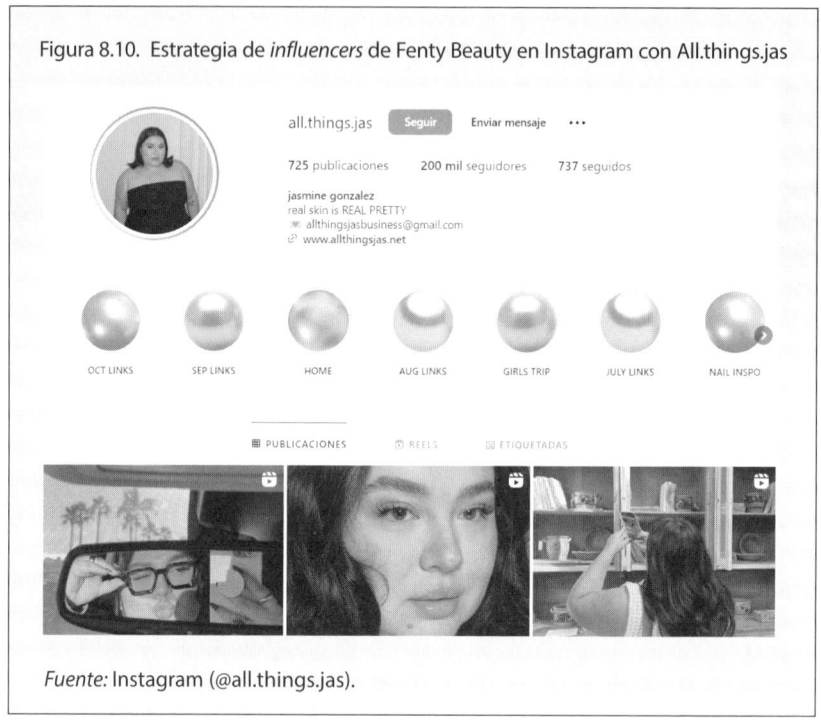

Figura 8.10. Estrategia de *influencers* de Fenty Beauty en Instagram con All.things.jas

Fuente: Instagram (@all.things.jas).

8.5. Medición del éxito en las campañas de *influencers*

Medir el éxito de una campaña de *influencers* es crucial para entender su impacto y optimizar futuras estrategias. Las métricas clave para evaluar el rendimiento son:

- *Engagement rate*: Mide la interacción de la audiencia con el contenido (*likes*, comentarios, *shares*).
- *Reach* e *impressions*: Cuántas personas han visto el contenido y cuántas veces.
- *Conversion rate*: Mide la tasa de conversión de seguidores a clientes o *leads*.

- *Earned media value* (EMV): Calcula el valor económico del contenido generado por el *influencer* comparado con lo que costaría una campaña de publicidad tradicional.

8.6. Gestión de crisis en *social media*

Una crisis de *social media* puede surgir en cualquier momento y las marcas deben estar preparadas para manejarla de manera efectiva. La gestión de crisis implica detectar rápidamente problemas potenciales, responder de manera adecuada y mitigar el daño a la reputación de la marca.

8.6.1. Tipos de crisis comunes en *social media*

1. Errores de publicación: Publicaciones involuntarias o equivocadas que pueden causar confusión u ofensa.

2. Comentarios negativos virales: Críticas o quejas de los clientes que se vuelven virales y dañan la reputación de la marca.

3. Campañas fallidas: Estrategias de marketing que resultan inapropiadas o mal interpretadas.

8.6.2. Planificación de la gestión de crisis

Para gestionar eficazmente una crisis, las marcas deben tener un plan de crisis bien definido que incluya:

- Preparación de un gabinete de crisis: Definir un equipo de crisis y un plan de acción que establezca quién toma las decisiones, quién se comunica y cómo se gestiona la información.

- Monitorización continua: Utilizar herramientas de *social listening* para detectar problemas potenciales en una etapa temprana.

- Comunicación clara y empática: Responder rápidamente a las crisis con una comunicación transparente y honesta.

8.6.3. Caso de estudio: manejo de crisis de Domino's Pizza

Domino's Pizza enfrentó una crisis de reputación cuando un vídeo mostraba a empleados cometiendo actos insalubres en una de sus cocinas se volvió viral.

- Estrategia de respuesta: Respuesta rápida con un vídeo de disculpa del CEO, medidas correctivas inmediatas y comunicación abierta con el público sobre las acciones tomadas para evitar futuras incidencias.

- Resultados: La respuesta rápida y la transparencia ayudaron a contener la crisis y restaurar la confianza del cliente.

- Lecciones aprendidas: La rapidez y la honestidad son esenciales en la gestión de crisis para minimizar el daño reputacional.

8.7. Estrategias de recuperación postcrisis

Una vez que la crisis se ha gestionado, es importante implementar estrategias de recuperación para restaurar la confianza y la reputación de la marca.

1. Análisis de la crisis: Evaluar lo que salió mal y lo que funcionó bien durante la gestión de la crisis.

2. Revisión de políticas y procedimientos: Ajustar las políticas internas y los procedimientos de comunicación para evitar futuras crisis.

3. Campañas de reputación: Implementar campañas específicas para reconstruir la confianza con los clientes y mejorar la percepción de la marca.

8.7.1. Caso de estudio: KFC en el Reino Unido

KFC enfrentó una crisis en el Reino Unido cuando una falla en la cadena de suministro llevó a la escasez de pollo en sus restaurantes. La respuesta de KFC utilizó el humor para manejar la situación, lo que ayudó a restaurar la confianza del cliente y mejorar la reputación de la marca.

- Estrategia de recuperación: Campaña de relaciones públicas que utilizó humor y disculpas sinceras.

- Resultados: Recuperación de la confianza del cliente y restauración de la imagen de marca.

- Lecciones aprendidas: Una respuesta creativa y empática puede convertir una crisis en una oportunidad para fortalecer la relación con los clientes.

Figura 8.11. Anuncio de KFC UK con la disculpa y el juego de siglas (FCK por KFC), utilizado en Instagram (@kfc_uki) y Twitter entonces (@KFC_UKI), ahora X

Fuente: Unsantodospistolas (2019).

Figura 8.12. Anuncio de KFC UK en la web afrontando la situación

Fuente: Álvaro Mendoza (2018).

8.8. Entrevistas

8.8.1. Entrevista a Myriam Rivero, responsable de cuentas de Blackbeast

- ¿Qué opinas de la plataforma Instagram para establecer estrategias y acciones de marketing para conectar con tus públicos?

Instagram ofrece una serie de ventajas y beneficios para toda estrategia de marketing digital. El motivo es que es una de las redes sociales con mayor uso en todo el mundo, en especial en los jóvenes.

Esta red social es una de las mejores plataformas de la actualidad para impulsar y llevar una marca a otro nivel. Haciendo uso de ella, es posible que las marcas definan su identidad y refuercen sus valores corporativos. Es importante que las empresas aprovechen las herramientas que ofrece esta red social para crear contenido de valor para su público y que así este se sienta atraído e identificado con la marca.

Además, les da la posibilidad de redireccionar a los usuarios a su página web, blog o tienda *online* y aumentar el tráfico, aspectos importantes para incrementar las ventas de cualquier negocio.

• ¿Cómo te sientes trabajando con la red social Instagram?

Trabajar con esta red social es muy intuitivo y cómodo. Uno de los potenciales con los que cuenta la red social de Instagram es el hecho de que puede ser utilizada en cualquier momento del día a través de un dispositivo móvil, y eso da muchas facilidades.

Además, ofrece infinidad de herramientas que se pueden usar para potenciar una imagen de marca y cada poco tiempo salen actualizaciones que mejoran todas sus funciones, brindándonos a los expertos de marketing en redes sociales nuevas formas de afrontar cada estrategia.

• ¿Cuáles son las metas que tienes establecidas con Instagram?

Mi objetivo como profesional de marketing en redes sociales es estar al día de las nuevas tendencias en esta aplicación y aprender mejor cómo funciona el algoritmo para que las estrategias que planteamos funcionen a la perfección.

• ¿Cómo valoras el uso de Instagram como parte de la estrategia de marketing?

Con el surgimiento imparable de numerosas plataformas de redes sociales, Instagram proporciona oportunidades prometedoras a las empresas dentro del marketing digital, que se encuentran cada vez más presentes.

Según los datos que aporta https://business.instagram.com/

– Hay más de 15 millones de perfiles de empresas en todo el mundo.

- Más de 2 millones de anunciantes usan Instagram para compartir sus historias y mejorar los resultados de su compañía.
- El 60% de los usuarios asegura descubrir nuevos productos en Instagram.
- El 75% de los usuarios realiza alguna acción tras ver una publicación.
- 1 de cada 3 historias que más se visitan son de empresas.

Con esto, unido a la posibilidad de crear anuncios, de medir los resultados a través de los *insights* y el poder de aumentar las ventas con la creación de acciones para generar tráfico a la web, Instagram se ha convertido en un elemento esencial para cualquier estrategia de marketing.

• ¿Podrías proporcionarme ejemplos de estrategias y acciones que implementas en Instagram para generar *engagement* con tus públicos?

En primer lugar, es muy importante estar al tanto de los momentos del día en que tu comunidad es más activa en la plataforma. Analizar a tu comunidad y decidir estratégicamente el día y la hora en la que se publicará un contenido puede ayudar mucho a obtener los resultados de *engagement* deseados.

Utilizar formatos de vídeo como los *reels* de Instagram también ayudará a generar mayor *engagement*. Este tipo de publicaciones, especialmente si muestran a miembros de la propia empresa o personas encargadas de la cuenta, ayuda a personalizar el *feed* y que los usuarios empaticen con la cuenta generando en último lugar el ansiado *engagement*.

Por otro lado, también es útil para generar *engagement* la introducción de llamadas a la acción dentro de cada *copy* o la descripción de los *posts*; preguntas que interpelan al lector instándolo a que dé su opinión o tome una decisión acerca de algo en concreto. El usuario se siente protagonista, importante para la marca o la persona encargada de la cuenta y estará más predispuesto a interactuar.

Organizar concursos y sorteos es otra estrategia muy útil para generar *engagement* además de alcance. Indicaciones como menciona a un amigo, da *like* a la publicación o comparte en historias son condiciones para participar en el sorteo o concurso que generan inevitablemente una gran cantidad de interacción por parte de los usuarios que quieran participar en él. Si además la cuenta acostumbra a realizar sorteos con continuidad, los usuarios adquirirán la costumbre de permanecer atentos a la cuenta para participar en cada uno de ellos en cuanto se lancen.

Finalmente, a través del formato *stories*, también podemos ayudar a mejorar el *engagement* de una cuenta publicando contenido complementario a nuestro *feed* de manera continuada e incluyendo *stickers* que propicien la interacción por parte de los usuarios, como encuestas, cuestionarios, preguntas, etc.

- ¿Qué acciones y estrategias de marketing y *social media marketing* que utilizas te dan mejores resultados para conectar con tus públicos?

Sorteos y *reels*, tal y como se ha mencionado anteriormente. Concretamente aquellos *reels* con contenido informativo de valor para el usuario seguidor de la cuenta, como consejos, *tips*, tutoriales o noticias.

Dependiendo de la temática de la cuenta, también puede resultar muy favorable para el *engagement* la realización de directos de forma habitual, durante los cuales se le dé al usuario la oportunidad de ser escuchado e interactuar con el propietario de la cuenta.

- ¿Qué tipos de acciones ejecutas cada día en Instagram como parte de *social media marketing*?

Generación de contenidos en formato de imagen y vídeo, generación de *copies* y textos con contenido de valor e intención publicitaria, publicación y programación de contenidos, gestión de la comunidad de seguidores, responder a comentarios, mensajes directos e interactuar con cuentas de interés. Y finalmente analizar los resultados obtenidos y estar al día de las últimas novedades para generar estrategias futuras cada vez más eficaces y adaptadas a cada tipo de cliente.

- ¿Qué problemas te encuentras en tu día a día en la utilización de Instagram?

Las continuas luchas contra el algoritmo de Instagram. Si el algoritmo no detecta interacción con un *post* en los primeros minutos de su publicación, simplemente dejará de mostrarlo. Por esto es tan importante establecer estratégicamente las horas en que publicas para tratar de generar la mayor interacción posible en los primeros minutos de su publicación y conseguir las mejores cifras en cuanto a alcance y *engagement*.

Por otro lado, las políticas de Instagram cada vez son más duras. Y es habitual que en algún momento la plataforma te borre un *post* por infringir las normas de la comunidad, o te deshabilite o suspenda una cuenta por error, lo cual nos obligará a entrar en conversación con Instagram para tratar de que nos la vuelva a habilitar tras un extenso proceso en el que tendremos que demostrar que realmente se ha tratado de un error.

- ¿Qué es lo que más valoras de la plataforma Instagram?

Los diferentes formatos con los que se puede trabajar y lo útiles que son cada uno de ellos para según qué acciones o estrategias.

  - Carruseles: Ideales para educar a tu audiencia o utilizar el recurso del *storytelling*, que es el poder que se tiene de contar historias.

- *Reels* o IGTV: Útiles para realizar tutoriales, *unboxing*, vídeo de preguntas y respuestas, entrevistas o algo tipo de vídeo *nugget*.
- *Stories*: Ideal para interactuar con tu audiencia. Es el formato más cercano, etc.

• Si comparas Instagram con otras redes sociales (como por ejemplo Facebook, TikTok, YouTube, X...), ¿qué valoras especialmente de Instagram?

Precisamente valoro lo que se ha comentado en la pregunta anterior: la variedad de formatos. En TikTok, por ejemplo, solo son vídeos y en X solo tuits, mientras que en Instagram tienes muchísimas más opciones y distintas maneras de llegar a tu público según cómo sea este o el formato que más consuma.

• ¿Crees que Instagram es relevante para el sector del marketing digital?

Por supuesto. La publicidad en Instagram funciona muy bien, ya que no es agresiva, y se integra bien con el resto de los contenidos orgánicos. Asimismo, la segmentación que se utiliza es muy beneficiosa para poder mostrarnos a la audiencia que realmente puede llegar a comprarnos o a interesarse por nuestra marca.

• ¿Qué opinan tus otros compañeros del departamento de marketing de la red social Instagram?

Lo mismo que yo. La ven como una plataforma con mucho potencial a la hora de generar *branding* y reconocimiento de marca, así como una oportunidad para captar posibles clientes de forma orgánica y pagada.

• ¿Qué te gustaría cambiar de Instagram?

Añadiría nuevos formatos y *placement* publicitarios, así como el objetivo de «ganar seguidores» como hacen en otras redes sociales como X.

- ¿Cómo ves el futuro de Instagram?

Como una red social cercana, muy adaptada para las empresas *ecommerce*, donde se puedan realizar compras y pagos, así como tener tu propia tienda 100% personalizada dentro de Instagram (esto ya lo hay, pero el nivel de personalización sigue siendo bajo).

- Para finalizar, ¿hay algo más que te gustaría aportar desde tu experiencia como profesional sobre el uso de la plataforma Instagram en las acciones y estrategias de marketing y *social media marketing* para generar *engagement* con los usuarios?

Potenciar el *liveshopping* dentro de la plataforma mediante directos. Considero que es una estrategia que se potencia poco y que se puede potenciar y personalizar mucho más dentro de la herramienta.

8.8.2. Entrevista a Ariadna Roca Fernández, *social media specialist* en Oink my God

- ¿Qué opinas de la plataforma Instagram para establecer estrategias y acciones de marketing para conectar con tus públicos?

Creo que Instagram es una de las plataformas con más alcance en el sector moda. La elevada cantidad de opciones y alternativas que ofrece la *app* permite trazar diferentes estrategias con el objetivo de llegar a tu público objetivo.

- ¿Cómo te sientes trabajando con la red social Instagram?

Personalmente me gusta mucho trabajar con la red social Instagram. Es una *app* sencilla, flexible y cuenta con muchas opciones distintas. Además, actualmente la mayor parte de los usuarios de redes sociales hacen uso de Instagram.

- ¿Cuáles son las metas que tienes establecidas con Instagram?

Las metas que tenemos definidas con Instagram las establecemos en función del perfil en el que estemos trabajando. A grandes rasgos, se busca un aumento de la visibilidad de la marca, fidelización del usuario, estar en el *top of mind* de este y convertir, es decir, lograr que el usuario se convierta en un cliente final.

- ¿Cómo valoras el uso de Instagram como parte de la estrategia de marketing?

Instagram toma un papel fundamental dentro de una estrategia de marketing. Su sencilla usabilidad y su gran alcance hacen que se convierta en una *app* imprescindible a la hora de realizar acciones en redes sociales. De todos modos, la eficacia dependerá obviamente de la calidad de la estrategia y de si el *target* de nuestra marca usa Instagram.

- ¿Podrías proporcionarme ejemplos de estrategias y acciones que implementas en Instagram para generar *engagement* con tus públicos?

Las acciones que mejor funcionan para lograr generar *engagement* con tus públicos son aquellas que tienen como objetivo la interacción de los usuarios. Por ejemplo, *stories* o publicaciones con preguntas, juegos, quiz, etc.

- ¿Qué acciones y estrategias de marketing y *social media marketing* que utilizas te dan mejores resultados para conectar con tus públicos?

Depende. En función del sector y de la compañía es necesario elegir una u otra acción / estrategia. Por lo general, una buena estrategia de contenidos en redes sociales, acciones vía *e-mail marketing* y una buena campaña de publicidad pagada en redes sociales suele funcionar muy bien.

- ¿Qué tipos de acciones ejecutas cada día en Instagram como parte de *social media marketing*?

De forma diaria genero Instagram *stories* para todos los perfiles, así como también publico *posts* (los días que se considere necesario). Al mismo tiempo, es importante responder los mensajes de los usuarios e interaccionar con ellos para establecer relaciones duraderas y confianza con la marca.

- ¿Qué problemas te encuentras en tu día a día en la utilización de Instagram?

Como he comentado, Instagram es una *app* sencilla, por lo que no suele traer ningún tipo de problema. Quizás podría comentar que el algoritmo hace que ciertos perfiles no se muestren tanto, por lo que es posible que no obtengamos el alcance esperado en algunas ocasiones. Como marca, en el aspecto orgánico es distinto conseguir *engagement* si no se invierte absolutamente nada en publicidad.

- ¿Qué es lo que más valoras de la plataforma Instagram?

Lo que más valoro de la plataforma Instagram es su facilidad de uso y todas las opciones que te brinda en cuanto a creación de contenido.

- Si comparas Instagram con otras redes sociales (como por ejemplo Facebook, TikTok, YouTube, X…), ¿qué valoras especialmente de Instagram?

De Instagram valoro la elevada interacción de los usuarios, así como la variedad de formatos de contenido que puedes publicar en la *app*.

- ¿Crees que Instagram es relevante para el sector del marketing digital?

Creo que Instagram es una de las herramientas imprescindibles para el sector del marketing digital.

- ¿Qué opinan tus otros compañeros del departamento de marketing de la red social Instagram?

En general, Instagram es una de las redes sociales favoritas de la mayoría de los integrantes de la agencia debido a su facilidad de uso y a sus elevadas opciones.

- ¿Qué te gustaría cambiar de Instagram?

Quizá me gustaría cambiar el algoritmo en cuanto a cómo los usuarios ven las publicaciones en el *feed* general. Es decir, que fuera posible que a estos les aparecieran las publicaciones de todos y cada uno de los usuarios que siguen.

- ¿Cómo ves el futuro de Instagram?

Creo que la *app* Instagram seguirá en auge durante mucho más tiempo, pero la aparición de nuevas *apps* hará que su cuota de mercado no sea tan elevada y acabe contando con menos usuarios fieles. Aun así, creo que aún faltan muchos años para que esto suceda.

- Para finalizar, ¿hay algo más que te gustaría aportar desde tu experiencia como profesional sobre el uso de la plataforma Instagram en las acciones y estrategias de marketing y *social media marketing* para generar *engagement* con los usuarios?

Únicamente se trata de trazar una buena estrategia previa y de ser constante en el día a día. De este modo, generar una comunidad alrededor de tu marca será mucho más sencillo.

8.8.3. Entrevista a Jesús Ferrín, director de Finally Press

- ¿Qué opinas de la plataforma Instagram para establecer estrategias y acciones de marketing para conectar con tus públicos?

Yo creo que hoy en día sigue siendo IMPRESCINDIBLE. No hay más que echar un vistazo a los pasajeros de un vagón de metro o los tiempos de descanso entre ejercicio y ejercicio en un gimnasio. Algunos estarán jugando, muy pocos estarán chequeando su FB; el resto están/estamos todos en IG.

- ¿Cómo te sientes trabajando con la red social Instagram?

Cómodo en líneas generales, aunque resulta irritante muchas veces cuando sus protocolos de actuación impiden que varios miembros del equipo operen en la cuenta; por ejemplo, cuando modifican la formulación de los algoritmos, etc.

- ¿Cuáles son las metas que tienes establecidas con Instagram?

  Nos gusta considerar la red social como la herramienta más extendida en un canal de comunicación relativamente nuevo y que tiene sus particularidades, su lenguaje y sus modos, pero nada más que eso. Las metas son las mismas que las que nos proponemos cuando usamos otros canales, solo que este nos permite segmentar mejor, llegar a audiencias nativas/cautivas de este canal e interactuar en primera persona.

- ¿Cómo valoras el uso de Instagram como parte de la estrategia de marketing?

  Es muy positivo pero muchas veces abre tantas posibilidades de actuación que puede llegar a paralizarnos y retrasar la puesta en marcha de una activación mientras se sopesan todas las variables y se analizan todos los datos, pero a grandes rasgos nos permite afinar mucho más nuestros lanzamientos.

- ¿Podrías proporcionarme ejemplos de estrategias y acciones que implementas en Instagram para generar *engagement* con tus públicos?

  No puedo revelar las estrategias de nuestros clientes, pero te diré que el *seeding* estratégico está muy extendido. En cuanto a nuestra estrategia particular como agencia en IG es un tanto curiosa. Entendemos que no somos un medio prescriptor, por lo que no invertimos en crear contenido, pero tampoco replicamos el de otros medios porque nos parece que ya son demasiados partes las que comparten un mismo contenido: el talento, el medio, la marca… ¿¡también la agencia!? ¿Deberíamos cuidar más el valor informativo de los contenidos?, ¿cabe todo en la nube, pero todo es relevante? No.

- ¿Qué acciones y estrategias de marketing y *social media marketing* que utilizas te dan mejores resultados para conectar con tus públicos?

  El *seeding* orgánico a creadores de contenido funciona muy bien. Pero estamos a favor también de las colaboraciones remuneradas y pensamos que tienen igualmente un gran valor prescriptor en la mayoría de las ocasiones o al menos informativo.

- ¿Qué tipos de acciones ejecutas cada día en Instagram como parte de *social media marketing*?

Además de una búsqueda activa de talento y *engagement*, el posicionamiento de productos en el día a día de los creadores de contenido más idóneo para cada acción o producto.

- ¿Qué problemas te encuentras en tu día a día en la utilización de Instagram?

La volatilidad del mensaje, la búsqueda de perfiles idóneos para «clusterizar» adecuadamente, sobre todo.

- ¿Qué es lo que más valoras de la plataforma Instagram?

La cantidad de talento que pone a nuestra disposición con dos clics; es increíble lo que se está haciendo ahí fuera. También la rapidez y la efectividad con que puedes lanzar un mensaje a una comunidad de potenciales compradores de un producto o servicio.

- Si comparas Instagram con otras redes sociales (como por ejemplo Facebook, TikTok, YouTube, X…), ¿qué valoras especialmente de Instagram?

El alcance, la facilidad para implementar estrategias, la calidad del contenido. Pero las demás son útiles también.

- ¿Crees que Instagram es relevante para el sector de la moda?

¿Hay alguien que no piense que es relevante? Todos soñamos con crear nuestra propia revista de moda y, *voilà*, ahora podemos tenerla.

- ¿Qué opinan tus otros compañeros del departamento de marketing de la red social Instagram?

Hoy por hoy, centra buena parte de nuestros esfuerzos. Nos fascina y nos irrita a partes iguales; eso es bueno.

- ¿Qué te gustaría cambiar de Instagram?

  Me gustaría que ahora que todos hemos probado a subir contenido de todo tipo empezásemos a ser mucho más selectivos a la hora de compartirlo; menos es más: más concentración en un mensaje, menos distracciones y más tiempo libre para mirar al cielo de vez en cuando.

- ¿Cómo ves el futuro de Instagram?

  Prefiero hablar de un presente brillante en el que todo gira alrededor de la generación de contenido en la red. Si intuyo que en algún tiempo volverán a cobrar relevancia algunos medios impresos, es la ley del péndulo.

- Para finalizar, ¿hay algo más que te gustaría aportar desde tu experiencia como profesional sobre el uso de la plataforma Instagram en las acciones y estrategias de marketing y *social media marketing* para generar *engagement* con los usuarios?

  Insisto en un concepto de selección y comisariado del contenido: antes de subir algo, pensemos si es realmente tan necesario para el mundo. Menos contenido y de más calidad sería algo interesante para tener en cuenta.

Capítulo 9

Social commerce y el futuro del *social media*

9.1. Introducción

El *social commerce* es la nueva forma de comprar directamente a través de las redes sociales, y en este capítulo veremos cómo las marcas están aprovechando esta tendencia. Exploraremos plataformas como Instagram Shopping y TikTok Shopping, y aprenderemos cómo vender productos directamente desde estas aplicaciones. También hablaremos sobre lo que viene en el futuro del *social media*, incluyendo tecnologías como la realidad aumentada y el metaverso.

9.2. Introducción al *social commerce*

El *social commerce* es la integración de las plataformas de *social media* con el comercio electrónico y que permite a los usuarios realizar compras directamente a través de estas plataformas. Esta evolución no solo facilita el proceso de compra para los usuarios, sino que también ofrece a las marcas una oportunidad única de conectar directamente con su audiencia y convertir el *engagement* en ventas. El *social commerce* aprovecha la confianza social y la influencia de los consumidores, utilizando contenido generado por el usuario (UGC), recomendaciones de *influencers* y anuncios específicos para guiar a los clientes en su recorrido de compra.

9.3. Plataformas clave en el *social commerce*

Cada plataforma de *social media* ha desarrollado herramientas específicas para facilitar el *social commerce*. A continuación, se exploran las características y funcionalidades de las principales plataformas:

9.3.1. Instagram Shopping

Instagram ha desarrollado diversas herramientas para facilitar el *social commerce*, como Instagram Shopping y *reels shopping*. Estas herramientas permiten a las marcas etiquetar productos directamente en sus publicaciones y vídeos, facilitando la compra sin que el usuario tenga que abandonar la plataforma.

- Funcionalidades clave:
    - Etiquetas de productos: Permiten a las marcas etiquetar productos directamente en publicaciones e historias.
    - Tienda de Instagram: Un espacio personalizado donde las marcas pueden mostrar y vender sus productos.
    - *Reels shopping*: Integración de productos en vídeos cortos, aprovechando la viralidad de los *reels*.

- Ejemplo de uso: marcas de moda como Zara y H&M han utilizado Instagram Shopping para etiquetar sus productos en publicaciones y *reels*, aumentando significativamente las conversiones.

Figura 9.1. Ejemplo de Instagram Shopping con la cuenta de GAP (@gap)

Fuente: Adsmurai (2023).

9.3.2. Facebook Shops

Facebook Shops permite a las marcas crear tiendas personalizadas en su perfil de Facebook, integrando catálogos de productos y ofreciendo una experiencia de compra completa dentro de la plataforma.

- Funcionalidades clave:
  - Catálogo de productos personalizable: Las marcas pueden mostrar sus productos con descripciones detalladas y precios.
  - Integración de mensajería: Permite a los clientes hacer preguntas y recibir atención al cliente directamente a través de Messenger o WhatsApp.
  - *Checkout* directo: Los usuarios pueden completar sus compras sin salir de la plataforma.

- Ejemplo de uso: Pequeñas y medianas empresas han utilizado Facebook Shops para establecer una presencia de comercio en línea sin la necesidad de tener un sitio web propio.

Figura 9.2. Ejemplo de Facebook Shopping con la cuenta de Ink Meets Paper (@inkmeetspaper)

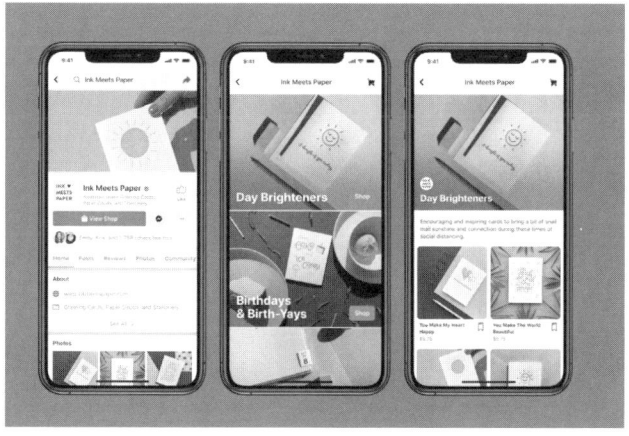

Fuente: Luis Miranda (2020).

9.3.3. TikTok Shopping

TikTok ha evolucionado rápidamente como una plataforma de *social commerce*, permitiendo a las marcas utilizar TikTok Shopping para integrar productos en vídeos, transmisiones en vivo y perfiles de usuarios.

- Funcionalidades clave:
  - *Live shopping*: Eventos en vivo donde los usuarios pueden comprar productos en tiempo real mientras ven demostraciones o revisiones.
  - Anuncios de colección: Anuncios visuales que permiten a los usuarios explorar productos sin salir del *feed* de TikTok.
  - Cesta de compras integrada: Los usuarios pueden agregar productos a su cesta de compras mientras interactúan con contenido.
- Ejemplo de uso: Marcas de belleza como Sephora han aprovechado los eventos de *live shopping* en TikTok para aumentar las ventas a través de demostraciones en vivo de productos.

Figura 9.3. Ejemplo de TikTok Shopping con la cuenta de Sakura Cosmetics

Fuente: Ada Sanuy (2023).

9.4. Estrategias para maximizar el impacto del *social commerce*

Las marcas que buscan maximizar su impacto en el *social commerce* deben considerar varias estrategias para optimizar su presencia y conversión en las plataformas de *social media*:

1. Integración de catálogos de productos: Utilizar herramientas como Instagram Shopping y Facebook Shops para mostrar productos y permitir comprar sin salir de la plataforma.

Figura 9.4. Ejemplo de catálogo de productos cuenta de Instagram de Zara (@zara)

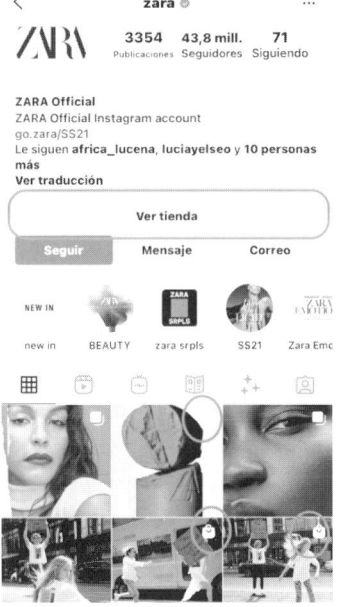

Fuente: Claudio Inacio (2021).

2. Colaboraciones con *influencers*: Utilizar *influencers* para promover productos directamente desde las plataformas sociales. Los *influencers* pueden proporcionar revisiones auténticas y contenido atractivo que impulsa la conversión.

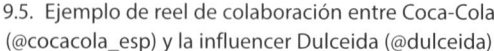

9.5. Ejemplo de reel de colaboración entre Coca-Cola
(@cocacola_esp) y la influencer Dulceida (@dulceida)

Fuente: Instagram (@dulceida).

Figura 9.6. Ejemplo de *reel* de colaboración entre Parfois (@parfois)
y la *influencer* Caetana (@caetanaba)

Fuente: Instagram (@caetanaba).

3. Uso de contenido generado por el usuario (UGC): Fomentar que los clientes compartan fotos y vídeos utilizando los productos de la marca, lo que genera prueba social y autenticidad.

Figura 9.7. Ejemplo de UGC publicado en la cuenta de Instagram de Aperol Spritz (@aperolspritzofficial)

Fuente: Instagram (@aperolspritzofficial).

4. *Live shopping*: Organizar eventos de compras en vivo para interactuar directamente con los clientes y responder a sus preguntas en tiempo real, creando un sentido de urgencia y exclusividad.

9.5. El futuro del *social media*: tendencias emergentes

El futuro del *social media* está marcado por la innovación tecnológica y las nuevas expectativas del consumidor. A continuación, se detallan algunas de las tendencias emergentes que definirán el futuro de las redes sociales:

9.5.1. Realidad aumentada (AR) y realidad virtual (VR)

La realidad aumentada (AR) y la realidad virtual (VR) están transformando la forma en que las marcas interactúan con los consumidores en el entorno digital.

- AR en *social media*: Herramientas como los filtros de Instagram y Snapchat permiten a las marcas ofrecer experiencias interactivas. Por ejemplo, marcas de maquillaje como L'Oréal han utilizado AR para permitir a los usuarios «probarse» virtualmente diferentes productos.

Figura 9.8. Captura de la página web de L'Oréal sobre ModiFace

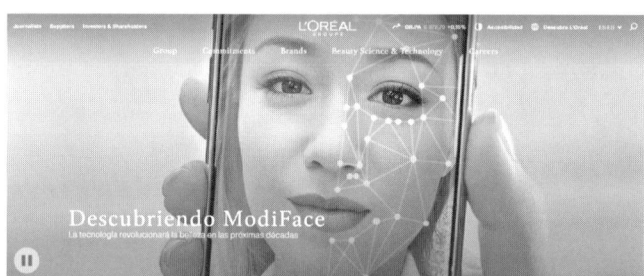

Fuente: L'Oréal (2022).

Figura 9.9. Captura de la página web de L'Oréal sobre «Try it on» (AR)

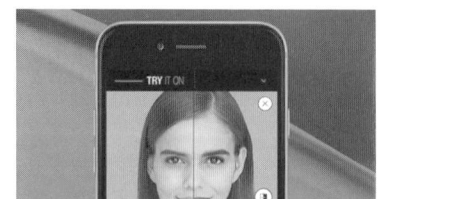

Fuente: L'Oréal (2024).

- VR y experiencias de compra inmersivas: Plataformas como Facebook Horizon están explorando la creación de tiendas virtuales y experiencias de compra inmersivas que permiten a los usuarios interactuar con productos en un entorno virtual.

9.5.2. Inteligencia artificial (IA) y *chatbots*

La inteligencia artificial (IA) y los *chatbots* están desempeñando un papel fundamental en la personalización de la experiencia del cliente en *social media*.

- *Chatbots* para atención al cliente: Marcas como H&M y Sephora han implementado *chatbots* en Facebook Messenger y WhatsApp para proporcionar atención al cliente automatizada y personalizada.

- Personalización de la experiencia: La IA permite analizar grandes cantidades de datos del usuario para ofrecer recomendaciones personalizadas de productos y contenido relevante.

9.5.3. Metaverso y mundos virtuales

El metaverso es una tendencia emergente que está ganando popularidad rápidamente. Se refiere a mundos virtuales donde los usuarios pueden interactuar, socializar y comprar productos en un entorno digital.

- Marcas en el metaverso: Marcas como Nike y Gucci ya están explorando la creación de tiendas virtuales y eventos exclusivos en plataformas como Roblox y Decentraland.

- Impacto en *social commerce*: El metaverso ofrece nuevas oportunidades para que las marcas creen experiencias de compra inmersivas y únicas, ampliando las posibilidades del *social commerce*.

9.6. Preparándose para el futuro del *social media*

A medida que el *social media* continúa evolucionando, las marcas deben estar preparadas para adaptarse a las nuevas tecnologías y tendencias. Algunas recomendaciones clave para prepararse para el futuro del *social media* incluyen:

1. Adoptar tecnologías emergentes: Experimentar con AR, VR y otras tecnologías emergentes para crear experiencias únicas y atractivas.

2. Enfocarse en la personalización: Utilizar IA y herramientas de análisis de datos para ofrecer contenido y recomendaciones personalizadas.

3. Explorar el metaverso: Considerar la posibilidad de crear experiencias de marca en el metaverso, desde tiendas virtuales hasta eventos exclusivos.

4. Fomentar la interacción en tiempo real: Utilizar herramientas como *live shopping* y *chatbots* para interactuar directamente con los clientes y proporcionar respuestas instantáneas.

9.7. Caso del futuro del *social media*

9.7.1. Caso de estudio: Gucci en Roblox

Gucci lanzó un espacio virtual exclusivo en Roblox, una plataforma de juegos en línea, donde los usuarios podían explorar un jardín digital, interactuar con otros usuarios y comprar productos virtuales.

- Estrategia:
  - Crear un entorno digital inmersivo que resuene con la audiencia joven de Roblox.
  - Vender artículos digitales exclusivos que pueden usarse dentro del juego.
- Resultados: Aumento de la visibilidad de la marca entre audiencias más jóvenes y creación de una nueva fuente de ingresos a través de productos digitales.

- Lecciones aprendidas: las experiencias inmersivas en el metaverso pueden atraer a nuevas audiencias y fortalecer la percepción de marca.

Figura 9.10. Captura de la página web de Roblox con el juego de Gucci Garden

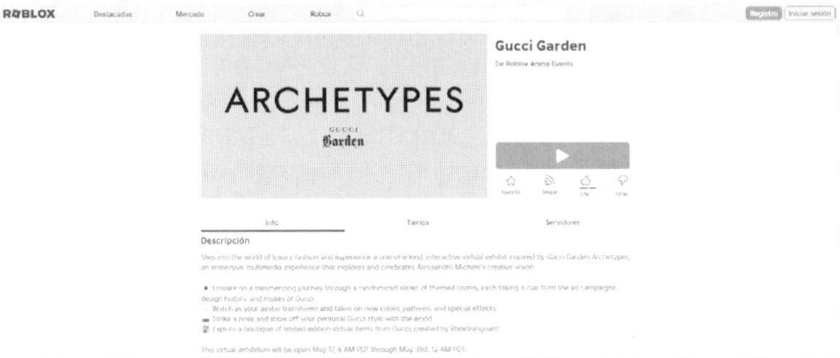

Fuente: Roblox (2025).

9.8. Entrevistas

9.8.1. Entrevista a Isabel Paz, *social media manager* en Ondho

- ¿Qué opinas de la plataforma Instagram para establecer estrategias y acciones de marketing para conectar con tus públicos?

  Es una de las plataformas de moda en la actualidad y, si tu público está en ella, tus estrategias tienen que incluirla, siempre y cuando se alinee con los objetivos de tu marca.

- ¿Cómo te sientes trabajando con la red social Instagram?

  Las plataformas se parecen cada vez más en sus prestaciones y en su uso. Instagram es muy visual y fácil de usar, pero tiene sus ventajas y sus desventajas con respecto a otras plataformas. Por ejemplo, para contenidos de marca se echa de menos el uso de enlaces *clicables* desde la propia publicación.

- ¿Cuáles son las metas que tienes establecidas con Instagram?

Nuestros clientes buscan, principalmente, notoriedad, alcance y *engagement*. En algunos casos, también utilizan la plataforma como complemento a su servicio de atención al cliente para dar respuesta allí dónde los clientes se comunican con la marca.

- ¿Cómo valoras el uso de Instagram como parte de la estrategia de marketing?

Instagram es un activo importante y para muchas marcas, especialmente las del sector moda, puede ser la plataforma por excelencia. Pero nunca como aliado exclusivo, sino como parte de un conjunto de estrategias, *online* y *offline*, que refuercen nuestra identidad de marca y contribuyan no solo a la captación de nuevos clientes, sino a la fidelización de los que ya tenemos.

- ¿Podrías proporcionarme ejemplos de estrategias y acciones que implementas en Instagram para generar *engagement* con tus públicos?

En líneas generales, los sorteos son, sin duda, los reyes del *engagement*. Otra cosa es la fidelidad que esos usuarios puedan representar para la marca. Los embajadores de marca pueden tener un papel positivo para reforzar lazos con la comunidad y algunos *influencers* también pueden contribuir a captar y fidelizar seguidores.

- ¿Qué acciones y estrategias de marketing y *social media marketing* que utilizas te dan mejores resultados para conectar con tus públicos?

El veterano *e-mail marketing* sigue siendo un aliado perfecto tanto para quienes nos descubren y logramos que se suscriban a nuestras *newsletters* como para fidelizar a nuestros clientes, pues mantenemos una comunicación directa con ellos en la que podamos ofrecerles lo que están buscando.

- ¿Qué tipos de acciones ejecutas cada día en Instagram como parte de *social media marketing*?

Más allá de mantener un calendario regular de publicaciones, la escucha activa, para no perder detalle de lo que se dice de nuestra marca y con la mirada siempre atenta a lo que hace la competencia, pero siempre con el foco puesto en dar respuesta a las comunicaciones de nuestros clientes y seguidores, ya sea con elogios, consultas o quejas.

- ¿Qué problemas te encuentras en tu día a día en la utilización de Instagram?

El principal inconveniente es tener que recurrir a herramientas de terceros para una adecuada gestión de las tareas. Poder programar fácilmente contenidos sin salir de la plataforma sería lo deseable, igual que el uso de enlaces en cualquier publicación.

- ¿Qué es lo que más valoras de la plataforma Instagram?

Que tiene muchos adeptos fieles que dedican una parte de su tiempo a estar e interactuar en la plataforma y, si esos seguidores lo son también de nuestra marca, es un escaparate que tener muy en cuenta.

- Si comparas Instagram con otras redes sociales (como por ejemplo Facebook, TikTok, YouTube, X…), ¿qué valoras especialmente de Instagram?

Cada una tiene su público y ese público evoluciona con el tiempo, por lo que hay que estar atentos a los cambios. Pensemos en el papel de Facebook hace unos años y el que tiene ahora entre el público más joven, por ejemplo. Y habrá que estar atentos a lo que pasa con TikTok cuando sus fieles seguidores vayan cumpliendo años. ¿Se quedarán en la plataforma? ¿Irán hacia otro lado? El valor de Instagram es el que le otorgan sus seguidores y, mientras ahí este nuestro *target*, no puede faltar en nuestras estrategias de marketing.

- ¿Crees que Instagram es relevante para el sector del marketing digital?

Cualquier plataforma en la que esté tu público objetivo es relevante para tus acciones de marketing digital. Y, hoy por hoy, Instagram tiene una legión de seguidores.

- ¿Qué opinan tus otros compañeros del departamento de marketing de la red social Instagram?

Hoy por hoy es, quizá, la plataforma que no solo resulta atractiva dentro de las estrategias de marketing, sino que capta nuestra atención como usuarios, cosa que no se puede aplicar de igual manera a otros canales.

- ¿Qué te gustaría cambiar de Instagram?

Estaría bien que la plataforma funcione de manera independiente y no necesariamente vinculada a Facebook, y sería útil, como ocurre en otras plataformas, que los enlaces de las publicaciones sean *clicables*.

- ¿Cómo ves el futuro de Instagram?

Predecir el futuro no resulta fácil en ningún ámbito, tal como están las cosas. Pero, echando un poco la vista atrás a otras plataformas sociales, serán buenas hasta que surja otra que cale entre la audiencia. Aunque, de momento, parece que sigue contando con el favor del público.

9.8.2. Entrevista a Aina Salvadó, *head of brand marketing & comms* en Colvin

- ¿Qué opinas de la plataforma Instagram para establecer estrategias y acciones de marketing para conectar con tus públicos?

Instagram te permite segmentar de una manera demográfica y de intereses. Esto te permite optimizar tu inversión de marketing gracias a afinar y personalizar la comunicación para cada una de las audiencias segmentadas.

- ¿Cómo te sientes trabajando con la red social Instagram?

Profesionalmente, te da grandes soluciones de captación de nuevos clientes.

- ¿Cuáles son las metas que tienes establecidas con Instagram?

Para orgánico, la métrica depende de la necesidad del mercado, pero solemos trabajar a *reach* de contenido. Es decir, conseguir que las máximas personas visualicen nuestro contenido. Estamos en fase de expansión de los mercados y necesitamos llegar al máximo de público, así que *reach* actualmente es la métrica *core*.

A nivel de *paid*, el gran objetivo es optimizar el *investment* y conseguir alcanzar el máximo de ventas posibles de nuevos clientes y recurrentes, y pagando el mínimo.

- ¿Cómo valoras el uso de Instagram como parte de la estrategia de marketing?

Clave, tiene un papel clave tanto en crecimiento orgánico como en *paid*.

- ¿Podrías proporcionarme ejemplos de estrategias y acciones que implementas en Instagram para generar *engagement* con tus públicos?

Trabajamos la estrategia de manera *omnichannel* creando estrategias con otras plataformas de contenido e *influencers*. Es una estrategia *long term* y en todas las plataformas: Instagram, Facebook y TikTok.

- ¿Qué acciones y estrategias de marketing y *social media marketing* que utilizas te dan mejores resultados para conectar con tus públicos?

El *influencer marketing* da muy buenos resultados para el crecimiento de la comunidad y luego trabajar una estrategia de contenidos atractiva que mantenga al cliente captado atento a nuestros contenidos. Los contenidos también nos ayudan en el contenido de *paid*.

- ¿Qué tipos de acciones ejecutas cada día en Instagram como parte de *social media marketing*?

  Contenido orgánico, *promoted posts*, *influencers*, *takeovers*, *partnerships* y *giveaways*.

- ¿Qué problemas te encuentras en tu día a día en la utilización de Instagram?

  Instagram exige mucha flexibilidad y rapidez, y sobre todo, no tener miedo a experimentar, ya que el contenido se renueva a diario. Las tendencias son muy efímeras, y el principal reto es mantenerse al tanto de ellas constantemente. A esto se suman los problemas técnicos habituales de la propia plataforma, que a veces dificultan la gestión eficaz del contenido.

- ¿Qué es lo que más valoras de la plataforma Instagram?

  Su capacidad de segmentación y alcance.

- Si comparas Instagram con otras redes sociales (como por ejemplo Facebook, TikTok, YouTube, X…), ¿qué valoras especialmente de Instagram?

  La riqueza de contenido.

- ¿Crees que Instagram es relevante para el sector del marketing digital?

  Mucho.

- ¿Qué opinan tus otros compañeros del departamento de marketing de la red social Instagram?

  Trabajamos juntos y entendemos la importancia de la red.

- ¿Qué te gustaría cambiar de Instagram?

  Una política de salud mental, un programa educativo para los *followers*.

- ¿Cómo ves el futuro de Instagram?

  Deberá reinventarse y seguir las tendencias que otras plataformas, como TikTok, están impulsando.

- Para finalizar, ¿hay algo más que te gustaría aportar desde tu experiencia como profesional sobre el uso de la plataforma Instagram en las acciones y estrategias de marketing y *social media marketing* para generar *engagement* con los usuarios?

  Todo dicho.

9.8.3. Entrevista a Anna Mata, socia fundadora y directora editorial de DeMomentSomTres

- ¿Qué opinas de la plataforma Instagram para establecer estrategias y acciones de marketing para conectar con tus públicos?

  Es un mal necesario. A pesar de esta tan contundente afirmación, no hay que olvidar que las redes sociales han permitido la democratización de estrategias de publicidad antes reservadas a las grandes corporaciones. E Instagram representa esta nueva realidad: que cualquier persona o empresa pueda promocionarse en la mayor audiencia que existe en este momento.

- ¿Cómo te sientes trabajando con la red social Instagram?

  Nos sentimos inseguros, porque muchas veces cuesta mucho ver el rendimiento y los resultados. El esfuerzo que se le dedica, en ocasiones, no vale la pena con los resultados. Pero se percibe como imprescindible en el ámbito del *branding*. Como te decía, es un mal necesario.

- ¿Cuáles son las metas que tienes establecidas con Instagram?

  Nosotros no establecemos los objetivos por canal; se establecen por cliente. Cuando se hace una buena estrategia, no se definen objetivos en función de *followers*, *engagement* y otros… con toda sinceridad; se establecen objetivos estratégicos en el sentido de adquisición de *leads*, conversión de clientes, efectividad de una campaña en la cuenta de resultados del cliente…

- ¿Cómo valoras el uso de Instagram como parte de la estrategia de marketing?

Dependerá de cada caso. Es un canal más pero casi imprescindible en la mayoría de las ocasiones.

- ¿Podrías proporcionarme ejemplos de estrategias y acciones que implementas en Instagram para generar *engagement* con tus públicos?

Si hablamos de acciones concretas, estaríamos en todo el universo de concursos e *influencers*. Sobre todo, esto.

- ¿Qué acciones y estrategias de marketing y *social media marketing* que utilizas te dan mejores resultados para conectar con tus públicos?

Todo lo que sea relacionado con el *inbound marketing*, o sea, el contenido de valor y adaptado a las *buyer personas* que hemos definido previamente. Cuando esto se cumple, va todo como la seda.

- ¿Qué tipos de acciones ejecutas cada día en Instagram como parte de *social media marketing*?

Publicamos contenido —*posts*, *stories* o *reels*— prácticamente a diario. Sin embargo, lo más relevante es el trabajo analítico: revisar resultados, interpretar estadísticas y medir el rendimiento. Consideramos que el análisis de datos tiene incluso más peso que la publicación en sí.

Nuestras acciones diarias en Instagram se mueven entre dos ejes fundamentales: la revisión constante del rendimiento y la publicación continua de contenido. A partir de ese análisis realizamos pequeños ajustes en el plan editorial, aunque este se diseña con una visión a medio o largo plazo.

- ¿Qué problemas te encuentras en tu día a día en la utilización de Instagram?

El uso y gestión de la plataforma Instagram. Es una plataforma muy puñetera, porque hay muchas acciones que solo se pueden realizar desde un dispositivo móvil. Entonces, esto te obliga a tener la cuenta del cliente en un dispositivo que no es el del cliente, y este es el gran problema.

- ¿Qué es lo que más valoras de la plataforma Instagram?

Ahora mismo es LA PLATAFORMA; es Facebook de hace diez años.

- Si comparas Instagram con otras redes sociales (como por ejemplo Facebook, TikTok, YouTube, X…), ¿qué valoras especialmente de Instagram?

Que Instagram es transversal a cualquier tipo de público. Probablemente, los usuarios de TikTok están en Instagram, el usuario de X está en Instagram… y es el canal social más generalista que existe actualmente.

- ¿Crees que Instagram es relevante para el sector del marketing digital?

Absolutamente.

- ¿Qué opinan tus otros compañeros del departamento de marketing de la red social Instagram?

Que Instagram ocasiona muchos problemas, sobre todo de gestión. Es una plataforma muy cambiante y que tiene muchas posibilidades como publicar muchos formatos distintos, pero puedes llegar fácilmente a perder el norte.

Además, es una plataforma en la que el contacto con la empresa madre está muy lejano y cuando tienes algún problema no se resuelve. Y estos problemas aparecen constantemente. Entonces para nosotros Instagram se convierte en un problema constante.

- ¿Qué te gustaría cambiar de Instagram?

Obviamente que la gestión se pudiera hacer de un área centralizada como se ha intentado desde Facebook Creator Studio. Lo que ocurre es que por ejemplo *stories* no te deja terminar de hacerlas, programar es un desastre; las cuentas que nosotros utilizamos de proveedores externos o terceros para unificar analíticas de diversas redes sociales y web no funcionan nunca bien en Instagram… Nos gustaría que llegara al nivel que la misma matriz Facebook tiene con distintos *partners* de terceros. Este es el verdadero problema: la gestión profesional de Instagram no se puede hacer de manera profesional en el sentido de gestión.

- ¿Cómo ves el futuro de Instagram?

No lo veo. No lo veo en el sentido de que nos hemos acostumbrado a que no hacemos predicciones, que no podemos hacerlas. Nunca hacemos predicciones sobre redes sociales y siempre se lo explicamos a nuestros clientes. Es decir, cuando nos preguntan hacia dónde iremos, nosotros siempre decimos que el *social media* tiene un futuro muy incierto. Que mañana Instagram decide cerrar, me lo creo. Que mañana Instagram decide hacer un canal de venta B2C, me lo creo. Que decide hacer un Wallapop, también.

Vivimos en la permanente incertidumbre en el mundo de los *social media*. Las agencias intentamos minimizarlo, pero es la realidad.

- Para finalizar, ¿hay algo más que te gustaría aportar desde tu experiencia como profesional sobre el uso de la plataforma Instagram en las acciones y estrategias de marketing y *social media marketing* para generar *engagement* con los usuarios?

El contenido de valor siempre funciona. Déjate de concursos, déjate de gatos; cuando alineas contenido de valor con las necesidades de tu *buyer persona*, es una bomba. Es un momento de epifanía, sin embargo, que se produce muy rara vez. Y cuando se produce, las empresas que lo entienden muy bien son las que triunfan. Y eso no significa conseguir miles de *followers* o miles de comentarios o compartidos… no. Es ubicar a tu cliente, darle contenido de valor y saber dónde vas.

El resumen es que Instagram es una plataforma que necesita un esfuerzo ingente para que en el ámbito de resultado —no resultado de *engagement* ni *likes*, sino resultado estratégico— dé algún rendimiento. El tema es este.

Lo único que ocurre es que las empresas están enamoradísimas de Instagram. En todo el sector B2C, Instagram funciona muy bien. Y si tienes bien integrado el catálogo de productos con Instagram, las compras por impulso funcionan, pero esto es un nicho. De ahí a que todo el universo empresarial tenga que estar en Instagram, podemos hablar de ello.

Es muy curioso este fenómeno: no sé si se había dado nunca una red social que sea transversal a cualquier franja de edad, todo el mundo está en Instagram: desde mis hijos pequeños hasta mi madre, el público que utiliza TikTok…

Conclusión

El *social media* se ha consolidado como una de las herramientas más poderosas para las marcas que buscan conectarse con sus audiencias de manera auténtica y significativa. A lo largo de este libro, hemos explorado en detalle los aspectos fundamentales de las estrategias de *social media*, desde la preparación y planificación hasta la implementación y medición de resultados. Cada capítulo ofrece una visión clara y detallada de los elementos que conforman una estrategia exitosa en *social media*, respaldada por ejemplos prácticos y estudios de caso que muestran cómo las marcas líderes navegan en este dinámico entorno.

El futuro del *social media* se perfila hacia la integración de nuevas tecnologías y la personalización de la experiencia del usuario. Con la aparición de nuevas plataformas, herramientas innovadoras y el auge del metaverso, las marcas deben estar preparadas para adaptarse rápidamente y aprovechar las oportunidades que el futuro ofrece. La clave del éxito en el *social media* seguirá siendo la capacidad de crear contenido relevante, construir relaciones auténticas y medir el impacto de cada esfuerzo.

Bibliografía

ABC (2016). El falso pique entre Cola Cao y Nesquik: «Tenéis grumos de mierda». *ABC*. Disponible en https://www.abc.es/recreo/abci-desaparecen-cuentas-falsas-cola-y-nesquik-tras-simular-discusion-y-revolucionar-twitter-201604061717_noticia.html

ADSMURAI (2023). Una guía útil para Instagram Shopping Checkout. *Adsmurai*. Disponible en https://www.adsmurai.com/es/articulos/una-guia-util-para-instagram-shopping-checkout

ASANA (2025). Cómo identificar y atraer a tu público objetivo. *Asana.com*. Disponible en https://asana.com/es/resources/target-audience

AXIOMACERO (2022). ¿Por qué invertir en publicidad en redes sociales este 2022? *Axiomacero.com*. Disponible en https://www.axiomacero.com/blog/por-que-invertir-en-publicidad-en-redes-sociales-este-2022/

BRANCH (2024). Estadísticas de la situación digital de España en el 2024. *Branch.com.co*. Disponible en https://branch.com.co/marketing-digital/estadisticas-de-la-situacion-digital-de-espana-en-el-2024/

CATALINA LÓPEZ (2020). La esencia de una marca | Pirámide del ADN. *Catalinalopez.es*. Disponible en https://catalinalopez.es/branding/la-esencia-de-una-marca-piramide-del-adn-guia-definitiva/

EDELMAN (2018). Trust Barometer. Special Report: Brands and Social Media. *Edelman.com*. Disponible en https://www.edelman.com/sites/g/files/aatuss191/files/2018-10/2018_Trust_Barometer_Brands_Social_Media_Special_Full_Report.pdf

EL ESPAÑOL (2016). La falsa pelea a cuchillo entre Cola Cao y Nesquik que arrasa en la red. *El Español*. Disponible en https://www.elespanol.com/invertia/economia/20160406/115238485_0.html

HOOTSUITE (2021). Informe Hootsuite 2021 sobre redes sociales. *Hootsuite*. Disponible en https://es.slideshare.net/slideshow/informe-hootsuite-2021-sobre-redes-sociales/242708993

HUBSPOT (2024). Qué es un análisis FODA y cómo hacerlo en tu empresa (consejos de HubSpot). *Hubspot.es*. Disponible en https://blog.hubspot.es/marketing/analisis-foda

INACIO, C. (2021). Guía para vender en Instagram Shopping paso a paso. *Claudioinacio.com*. Disponible en https://claudioinacio.com/2021/06/08/instagram-shopping/

KAPOOR, R. (2016). Zero Budget Marketing For Startups. *Medium*. Disponible en https://medium.com/@ridhima.k1991/zero-budget-marketing-for-startups-be4f392c12bd

KEUTELIAN, M. (2024). Los mejores momentos para publicar en las redes sociales en 2024. *Sproutsocial.com*. Disponible en https://sproutsocial.com/es/insights/mejores-momentos-publicar-en-redes-sociales/

L'ORÉAL (2022). Descubriendo ModiFace. *Loreal.com*. Disponible en https://www.loreal.com/es-es/espana/pages/sobre-loreal-/our-purpose-es/discovering-modiface-es/

— (2024). Makeup Virtual Try-on Maybelline. *Loreal.com*. Disponible en https://www.loreal.com/en/articles/science-and-technology/makeup-virtual-try-on-maybelline/

MARTIN, J. (2024). GDPR vs. EAA: Similar Legislation, Different Impact — A Focus on Document Accessibility. *Linkedin*. Disponible en https://www.linkedin.com/pulse/

gdpr-vs-eaa-similar-legislation-different-impact-focus-document-accessibility-uspvf/

MENDOZA, A. (2018). KFC: Geniales lecciones de marketing en medio de la crisis. *Mercadeoglobal.com*. Disponible en https://mercadeoglobal.com/blog/kfc-geniales-lecciones-marketing-crisis/

MIRANDA, L. (2020). Facebook Shops es la nueva propuesta de Facebook para vender productos en su plataforma. *Hipertextual*. Disponible en https://hipertextual.com/2020/05/facebook-shops-tienda-linea-instagram

ROBLOX (2025). Gucci Garden Archetypes. *Roblox.com*. Disponible en https://www.roblox.com/es/games/6536060882/Gucci-Garden#!/about

ROLLOID (2017). 25 de los mejores tweets de la cuenta de Netflix para no parar de reír. *Rolloid*. Disponible en https://rolloid.net/25-de-los-mejores-tweets-de-la-cuenta-de-netflix-para-no-parar-de-reir

SANUY, A. (2023). TikTok apunta ahora a Amazon: lanza en EE. UU. una tienda de comercio online al estilo AliExpress. *La Vanguardia*. Disponible en https://www.lavanguardia.com/tecnologia/20230919/9223886/tiktok-planta-cara-gigantes-amazon-incorporando-tienda-plataforma-pmv.html

STRATEGYZER (2025). The Business Model Canvas. *Strategyzer.com*. Disponible en https://www.strategyzer.com/library/the-business-model-canvas

UNSANTODOSPISTOLAS (2019). Las divertidas disculpas de KFC por quedarse sin pollo. *Unsantodospistolas*. Disponible en https://unsantodospistolas.wordpress.com/2019/07/22/las-divertidas-disculpas-de-kfc-por-quedarse-sin-pollo/

WIDE MARKETING DIGITAL (2021). Qué es y cómo construir una buyer persona para acertar con tu estrategia de marketing. *Wide Marketing Digital*. Disponible en https://www.wide-marketing.com/como-construir-buyer-persona/

ZHUKOVA, N. (2022). Cómo hacer un análisis DAFO (con ejemplos). *Semrush Blog*. Disponible en https://es.semrush.com/blog/analisis-dafo/